图解10个最新休闲农业和乡村旅游项目

◎ 李 涛 编著

中国农业科学技术出版社

图书在版编目（CIP）数据

图解10个最新休闲农业和乡村旅游项目/李涛编著 .—北京：中国农业科学技术出版社，2019.7（2023.1重印）

ISBN 978-7-5116-4296-7

Ⅰ.①图… Ⅱ.①李… Ⅲ.①观光农业—旅游规划—项目开发—中国—图解②乡村旅游—旅游规划—项目开发—中国—图解 Ⅳ.① F592.3-64

中国版本图书馆 CIP 数据核字（2019）第 143879 号

联合出品人：

南昌金杭实业有限公司

郑州易欣游乐设备有限公司

责任编辑　陶　莲
责任校对　贾海霞

出 版 者	中国农业科学技术出版社 北京市中关村南大街 12 号　邮编：100081
电　　话	（010）82106625（编辑室）　（010）82109702（发行部） （010）82109709（读者服务部）
传　　真	（010）82106625
网　　址	http://www.castp.cn
发　　行	各地新华书店
印 刷 者	北京地大彩印有限公司
开　　本	787 mm×1 092 mm　1/16
印　　张	18.5
字　　数	361 千字
版　　次	2020 年 1 月第 1 版　2023 年 1 月第 6 次印刷
定　　价	98.00 元

版权所有·侵权必究

序　言

2018年，中共中央国务院印发了《乡村振兴战略规划（2018—2022）》，乡村的发展被提到前所未有的高度，同时释放了巨大的市场机遇。

在市场机遇和国家政策的双重驱动下，很多有远见的"先驱"纷纷投身农业，但是大多成了"先烈"。失败的原因很多，有的是因为不熟悉农业，对不熟悉的产业往往又盲目乐观，轻易冒进；有的则是不熟悉政策，触了用地红线被拆除等。总之，成功者都是相似的，失败者却各有各的不幸。

回过头来总结一下，那些单纯做农业生产的难以生存，而在农业基础上融合教育、旅游、游乐等元素的项目更容易存活下来。这些项目大概分三类：休闲农业和乡村旅游类（农业+旅游）、亲子农庄和研学营地类（农业+教育）、农乐园和户外儿童乐园类（农业+游乐）。这三类项目有一个共同特点——立足乡村、服务市民。

可是，面对蛋糕，究竟该如何下嘴？沃尔玛创始人山姆·沃尔顿说过："我做的事多半都是模仿别人。"而泰康人寿的创始人陈东升也持有类似的观点，他在创立泰康人寿时提出："左眼看平安，右眼看友邦，两眼看世界"。面对一个陌生的领域，我们要做的不是花自己的钱买教训，而是学习别人的经验来武装自己，那些经过市场检验存活下来的项目，必然是做对了些什么，这也是本书的主要内容，掌握了这些就拥有了一个较高的起点，超过80%的新手，更容易走到最后。

工作的原因，在过去几年实地考察了国内很多优秀的项目，也有幸和他们的创始人/操盘手有过深度交流，中间很多有价值的信息，我觉得有必要写下来，传递给更多人。所以，与其说我是作者，不如说是30位成功庄主的书童，我不生产干货，只做干货的搬运工。

本书是系列丛书的第一本，收集了全国10个"休闲农业和乡村旅游"类的项目，这类项目往往立足农业、农村，发展旅游，不仅为城市居民提供了日常的健康农产品，还为他们的周末提供了短途休闲的场所。对于农场和农村来说，旅游的嫁接不仅增加了一条收入来源，还为农业提供了精准的高端客户，增加农民的就业，是一类常见的典型项目。

说一下本套系列丛书的特点：**第一个特点是"多图"，**包括实景图、航拍图、卫星图等共计 1 700 张图片，绝大部分是在考察期间实地拍摄的，希望通过这种呈现形式让读者能够更加真实、客观地了解这些项目，也为您自己项目的落地提供一定的参考价值；**第二个特点是"干货"，**虽然文字部分不多，但每段文字提炼的都是干货，因为这些信息都是和项目操盘手深度交流过后梳理出来的，具备一手信息和实用性；**第三个特点是"项目类型齐全"，**这套书共梳理了三大类共 30 个成功项目，其中，10 个休闲农业和乡村旅游项目，10 个亲子农庄和研学营地项目，10 个农乐园项目，基本涵盖了乡村振兴过程中可能用到的所有项目，所以，适合休闲农业和乡村旅游从业者、寻求突破的有机农业从业者、景区 / 营地 / 民宿等从业者、田园综合体和特色小镇从业者、规划院和设计院的同志，以及致力于乡村振兴的各级政府。

希望以此帮助行业成长，为乡村振兴出一份力。

本书作者：李涛
2019 年 3 月 25 日

CONTENTS

目　录

[意大利农场] /1
　　一、项目图解 / 3
　　二、模式分析 / 27

[三生万物农场] /28
　　一、项目图解 / 30
　　二、主要客户群及对应产品 / 42
　　三、你会是第二个三生万物吗？/ 44

[凤凰天堂有机农场] /45
　　一、项目图解 / 46
　　二、渠道分析 / 72
　　三、模式分析 / 72

[御林汤泉度假村] /74
　　一、种植板块——可采摘的酒店 / 80
　　二、小花海——可休闲观赏的酒店 / 82
　　三、自由拓展区——可自由拓展的酒店 / 83
　　四、多肉花园——可近距离接触多肉植物的酒店 / 84
　　五、会议室——可开展田园会议的酒店 / 86
　　六、餐饮板块——可提供生态美食的酒店 / 88
　　七、小温泉——有"私汤温泉"的酒店 / 90

[青青世界] /94
　　一、项目图解 / 96
　　二、运营数据及渠道解析 / 111
　　三、青青世界如何做到"基业长青"？/ 111

CONTENTS
目　录

[泰生农场] /114
　　一、项目图解 / 117
　　二、模式分析 / 136

[前小桔创意农场] /138
　　一、前小桔的昨天：传统果园 / 139
　　二、前小桔的今天：亲子主题的休闲农场 / 140
　　三、前小桔的明天：柑橘加工品和衍生品销售平台 / 171
　　四、模式总结 / 172

[金稼园] /173
　　一、地理位置 / 177
　　二、环境 / 178
　　三、菜品 / 198
　　四、市场定位 / 200
　　五、理念 / 202

[松雅湖生态农庄] /204
　　一、项目图解 / 207
　　二、主要客户群及对应产品 / 235
　　三、模式及要点解析 / 244

[湘都生态农业园] /247
　　一、项目图解 / 250
　　二、主要客户群及对应产品 / 274
　　三、总结 / 288

[后记] /290

意大利农场

180亩地,年营业额4 000万元,一个真正创造价值的项目

意大利农场大门

意大利农场标志牌

意大利农场田园客房

前些年写过一篇文章,题目是"230亩(1亩≈667平方米,全书同)农庄,年收入4 000万元,关键就靠这6点",写的就是北京意大利农场。

后来下边有粉丝留言:

"种的不是庄稼,是金子吧!"

"平均一亩地20多万元,这么牛,你咋不上天呢?"

一下把我给气乐了,这一听就是生产型农场的思维——包一块地,或种或养,咱上一个好项目,秋收一到,东西一卖,直接变成高富帅,而现实却教会你重新做人。所以,农场主突然看到有运营这么好的农场不适应也在情理之中。

可是,要想有转机,那咱就得换思维。农场不仅可以搞一产,还可以搞三产。

一、项目图解

意大利农场位置图

意大利农场就在北京市顺义区马坡镇，去考察的话直接导航"意大利农场"就可以，高德地图、百度地图、google 地图、腾讯地图都可以搜得到。

意大利农场主要覆盖北京市场，北京作为祖国的首都，有着庞大的消费基数和消费能力。100 公里（1 公里=1 千米，全书同）内可以覆盖到 2 170.7 万人（数据来源北京市统计局，2017）。不仅有人口基数，这些人的消费能力也相当厉害，2017 年的人均可支配收入达到 57 230 元（数据来源于国家统计局），仅次于上海，全国排名第二。这里需要说的一点，意大利农场周边有很多别墅区、枫桥别墅、龙苑别墅、金宝花园别墅区等。

园区平面图

意大利农场占地约200亩，定位是**"高端度假农场"**，有种植板块、餐饮板块、住宿板块，还设有会议中心、购物商店、迷你动物园等。

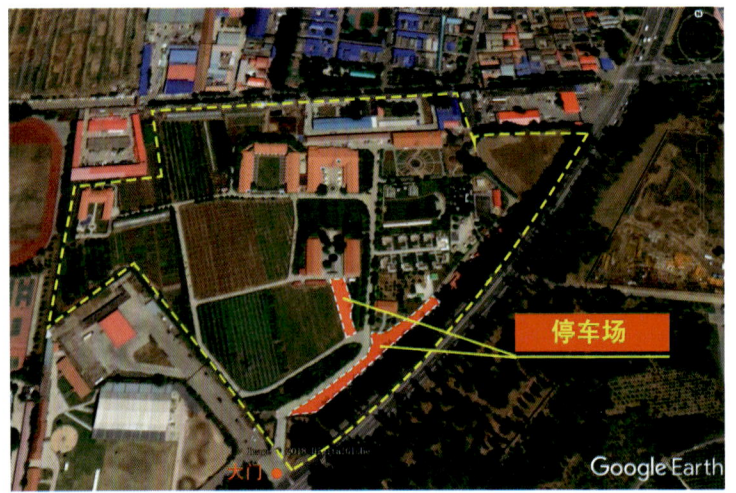

停车场位置

刚进门，路两侧有两个停车场，左侧用来停小车，占地面积大概600平方米。路右侧的停车场既可以用来停大巴车，也可以停小车，占地面积大概2 000平方米。小停车场是水泥地面，大停车场是石子地面。

意大利农场并不收取门票，停车场也是免费使用的。

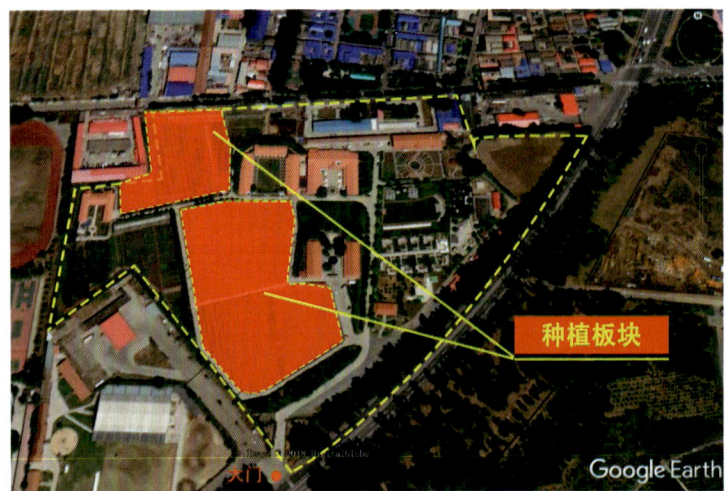

种植板块位置

果树套种蔬菜

种植板块，占地面积大约50亩。从意大利引进了六大类60多个北方果树品种，有草莓、杏、桃、李子、苹果、樱桃、阿巴特梨、葡萄等。

杏

自产黄杏

水果加工产品

别小看这50多亩地，它不仅仅是用来种植果树，还承载了很多功能。例如，果子成熟了可以供游客采摘；采摘不完的可以做成果酱、果酒；种植区的草可以让小朋友拔去喂养小动物；同时还可以为园区提供大片的绿色环境。

动物区位置

鸵鸟

　　动物区占地面积大概1 000平方米，有鸵鸟、松鼠、孔雀、非洲雁、山羊、绵羊、兔子、珍珠鸡等10多种观赏动物。

　　动物区是园区的亮点，虽然不大，品类也不如动物园多，但动物区的动物可以让小朋友近距离的接触、喂养，深受很多亲子家庭的喜欢。

孔雀

羊驼

狗

草坪位置

草坪实景

草坪用作草坪婚礼

意式田园客房中间的草坪

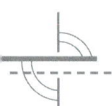

草坪用作休息场地

草坪用作跳蚤市场

草坪用作户外亲子活动

草坪共三块，占地面积合计4 000多平方米。可以承接草坪婚礼，可供户外亲子活动，或者组织一些活动如跳蚤市场等。

餐厅位置

中餐厅轮廓

餐厅有两个，一个中餐厅一个西餐厅。北边那个，也就是上边那个是西餐厅，南边那个是中餐厅。

其中，中餐厅的建筑面积约700平方米，内部圆桌，主要接待团队客户。

中餐厅走廊

中餐厅内部

西餐厅轮廓

意大利农场

西餐厅一角

正宗的西餐

牛排

15

前台

西餐厅及会议室建筑面积约1 900平方米,还是非常有特色的,原料是进口或农场自产的有机蔬菜,厨师长也是请的意大利厨师长,提供地道的意式菜品。

餐标人均200~300元,与市中心的西餐、日本料理等相比并不算高,不过在农庄里属于比较高的了。

西餐厅就餐区

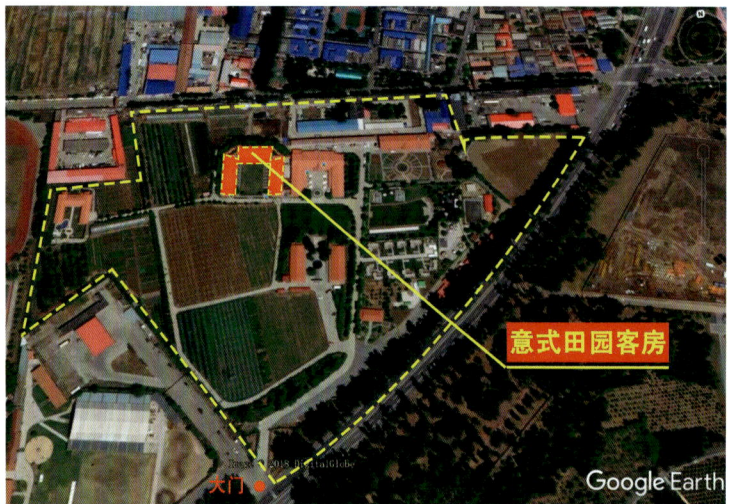

意式田园客房位置

二层的大床房

意式田园客房的小院

意式田园客房建筑面积约1 500平方米，东、西、北三面均有客房，中间是一大片草坪。

门市价格从670~1 160元不等，相当于五星级的标准。

意式田园客房轮廓

意式田园客房内部布局

大量的木料和石料装饰

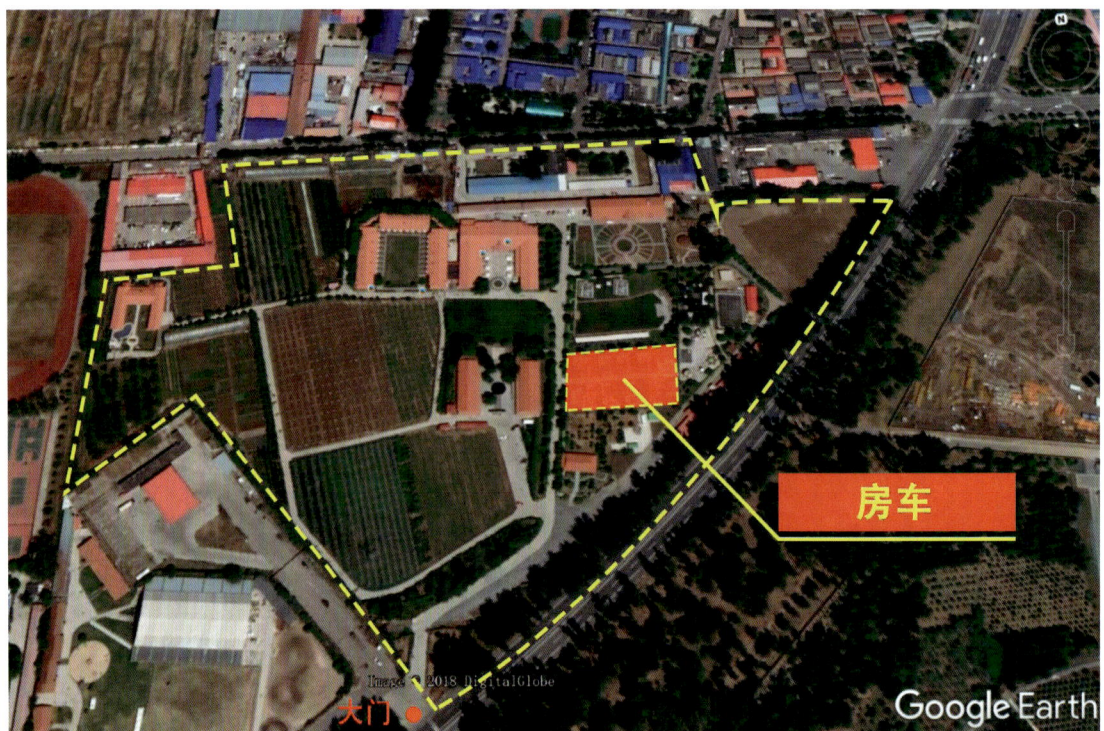

房车区位置

房车轮廓

房车内客厅

房车内双床

房车营地占地约 2 500 平方米，大小共计 12 个房车。房车营地并不是欧美式的营位 + 房车，可以理解成 12 座可移动的房子。

超市和DIY活动区位置

超市和DIY活动区轮廓

意大利农场

外面廊道

内部布局

23

超市

意大利农场

园区深加工产品展销区

DIY 活动

超市和 DIY 活动区占地 700 多平方米，分上下两层。主要有两个功能：**商品售卖和 DIY 活动**。商品有意大利进口红酒等食品、园区深加工的果酱、应季水果等。DIY 活动有比萨 DIY、曲奇 DIY 等，有时还有陶艺制作。

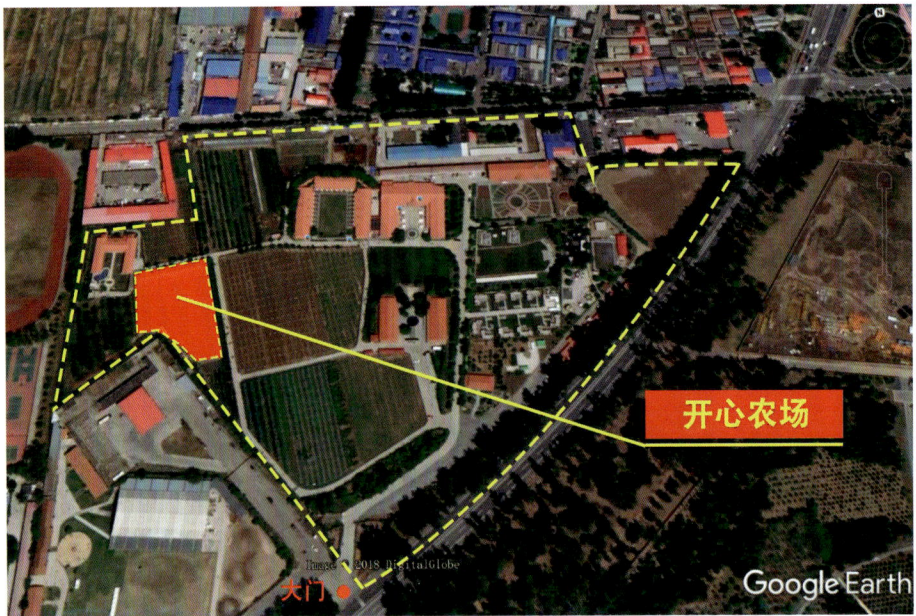

开心农场位置

开心农场轮廓

种植大棚

拆分后的小地块

开心农场占地共计约 4 000 平方米，分成小块，包给市民家庭耕作。

二、模式分析

1. 农产品之外的产品

意大利农场是一个扎扎实实做产品的项目,只是它的产品不是葡萄、苹果、樱桃、梨这些一产,**而是餐饮、住宿、农产品及衍生品。**

以餐饮为例,餐标200~300元/人,我实际体验过,比市中心的西餐、日料价格低点。

如果按翻一次台算,每天可以产生的营销额是12万元(600人×200元/人),相当于4亩苹果的收入。这不算办婚宴的,不算办会议用餐的,不算工作日就餐的。按一年52个周末,那营业额也得过千万元。**所以,农场的产品不只是农产品。**

2. 洋气的市场定位

意大利农场另一个值得我们学习的地方就是"主题明确"。首先,从名字上就能体现出来了,"意大利农场",很洋气的名字。

不仅仅是名字,它的意式田园房间、正宗的西式餐厅、大片的草坪等无处不彰显着它的高贵气质,甚至没来之前就充满期待。

在北京这样的国际大都市,要么做得特别"土",带着点传统文化,像洼里乡居楼;要么做得特别"洋",能引领城市人的生活和消费方式,像意大利农场一样。

意大利农场创始人路总说过:"一定要知道自己的客户在哪儿,他们的消费能力是中档还是高档,在选择商品的时候,一定要考虑这些客户的大概需求是什么?"。

3. 明确的主题

平心而论,如果你当地已经有了一家这样的休闲农庄,你还会在当地去复制一个出来吗?你要抬杠说会做,我也没办法,但是大多数人是不会这么做的,事实也证明,19年过去了,北京也就只有这么一家意大利风格的农场。这就是明确的主题带来的好处——避免同行化竞争。

主题越明确,优势越明显;主题越明确,在客户里越有辨识度;主题越明确,后来者越要主动避开你的定位。

如果你想要了解更多关于意大利农场的信息,可以看看我之前写的两篇稿子,一篇是采访路总后写的叫"**小农庄,大收益:路总亲授年营业额4 000万元的6个关键点**",另一篇是根据路总的一次主题演讲整理出来的叫"**230亩农庄,年营业额4 000万元,她是怎么做到的**"。关注公众号"农未来",回复"意大利农场"就可以看到了。

三生万物农场

30亩地,两年营业额翻6倍,一个从生产型农场转型过来的休闲农场

大棚种植

三生万物入口

露天种植

　　第一次听见这"三生万物"的名字啊,以为是"道场",不是"农场"。不过人家确确实实做的农业,只是这名字的意义呢,那确实是借助了道家的"一生二、二生三、三生万物"。这不,农场餐厅不仅只提供素食,还收养了很多小动物。

　　三生万物是一个占地仅 30 亩的农场,面积虽小,五脏俱全,还引来各地同行甚至政府前来参观学习,估计很多朋友都听说过。

　　因为工作原因,笔者经常有机会去三生万物,也和三生万物老板张文静是很好的朋友,所以,深知这其中的不易。他们做农业已经十年之久了,只是前六年一直在做有机农业,赔的她连房子都卖掉了。

　　之所以把三生万物作为一个很重要的案例写进来,是因为它在 2014 年的一次完美转型,**从"生产型农场"转型为"休闲农场",并且在 2015 年实现了营业额翻 3 倍,2016 年又翻 2 倍的佳绩**。相信对所有奋斗在"一产"里的农场主们有着极大的借鉴意义。

一、项目图解

项目位置图

　　三生万物农场，坐落于北京市郊，距离天安门42公里，想去考察直接高德导航"三生万物"农场就行，具体地址是"北京市昌平区马池口镇上念头村"。

　　要说这市场，那绝对是没问题，三生万物主要客户分布在北京地区，100公里范围内可以覆盖到2 170.7万人（数据来源北京市统计局，2017）。不仅有人口基数，这些人的消费能力也相当厉害，2017年的人均可支配收入达到57 230元（数据来源于国家统计局），仅次于上海，全国排名第二。

转型前的三生万物以种植和销售有机农产品为主，转型后的三生万物是一个典型的休闲农庄，板块涉及餐饮、住宿、高端农产品种植及销售、田园会议、公司拓展、亲子活动等，是**小而美**的典型项目。

园区受自身面积限制，接待量有限，所以，走的是一条精品高端路线，从客户选择、产品设计等都是往高客单价靠拢。园区主要由 3 个板块组成，即：酵素农园、四季民宿、节气工坊。此外，还有草坪、御风厅、小小动物园、超市等板块。

项目平面图

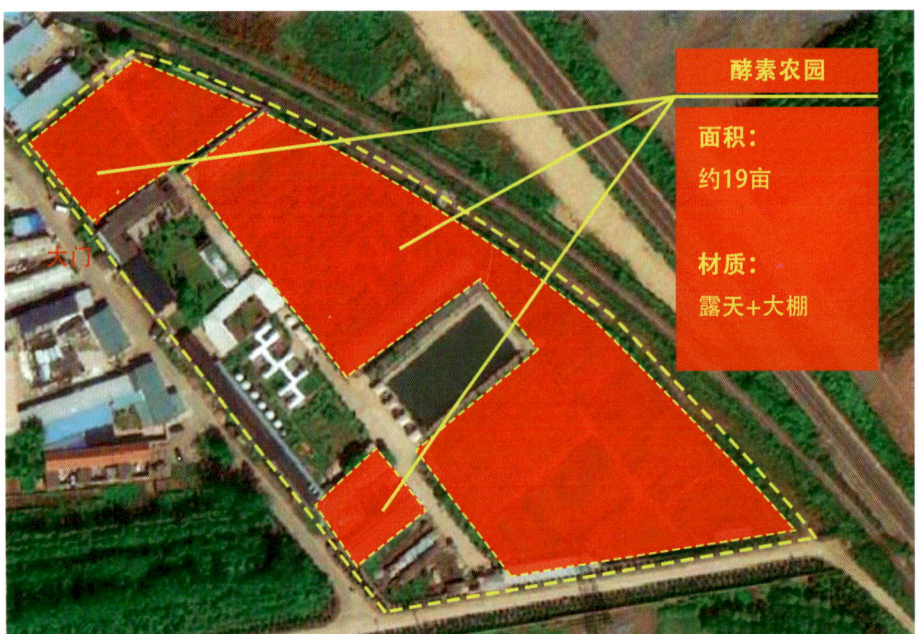

酵素农园位置

果菜大棚

露天种植区

叶菜大棚

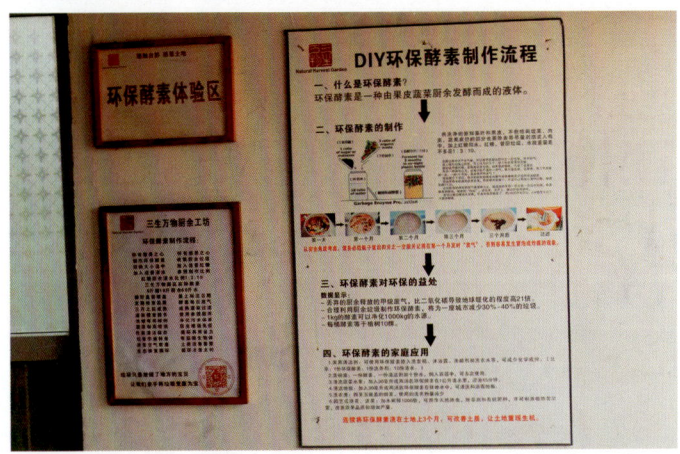

酵素制作流程上墙

酵素工坊

酵素农园是园区农业种植板块的总称，也是园区占地最大的板块，占地约18亩。

酵素农园由3个过冬棚、1个春秋棚和露天种植区组成。水果主要有樱桃、葡萄、桑葚、海棠、柿子等，蔬菜以常见的应季叶菜、果菜为主，还种植有玉米等。

从种植的品类来看，并没有什么不同，最大的区别在于"酵素"的使用，"三生万物"用了酵素和堆肥持续改善土壤的生态环境。他们有自己的环保酵素工坊，把厨余垃圾制作成环保酵素，利用冲水和液面喷洒的方式再次循环利用。

节气工坊位置

节气工坊轮廓

节气工坊内部

节气工坊占地约 150 平方米，可以理解为"多功能厅"，有会议培训的时候，它是会议室；有亲子活动的时候，它也是 DIY 活动场地；到了饭点，它又是餐厅。

御风厅位置

御风厅航拍图

御风厅下

这个御风厅可以理解成节气工坊的户外版，占地200多平方米。别小看这个建筑，在三四月的旺季，可以把园区接待量提高一倍，有亲子活动的时候也可以在这里进行，饭点可以就餐，用餐完还可以休息。

最关键的一点是，这是在原有的园区道路上建设的，并不占用用地指标，而且御风厅的材质和建设成本并不高。

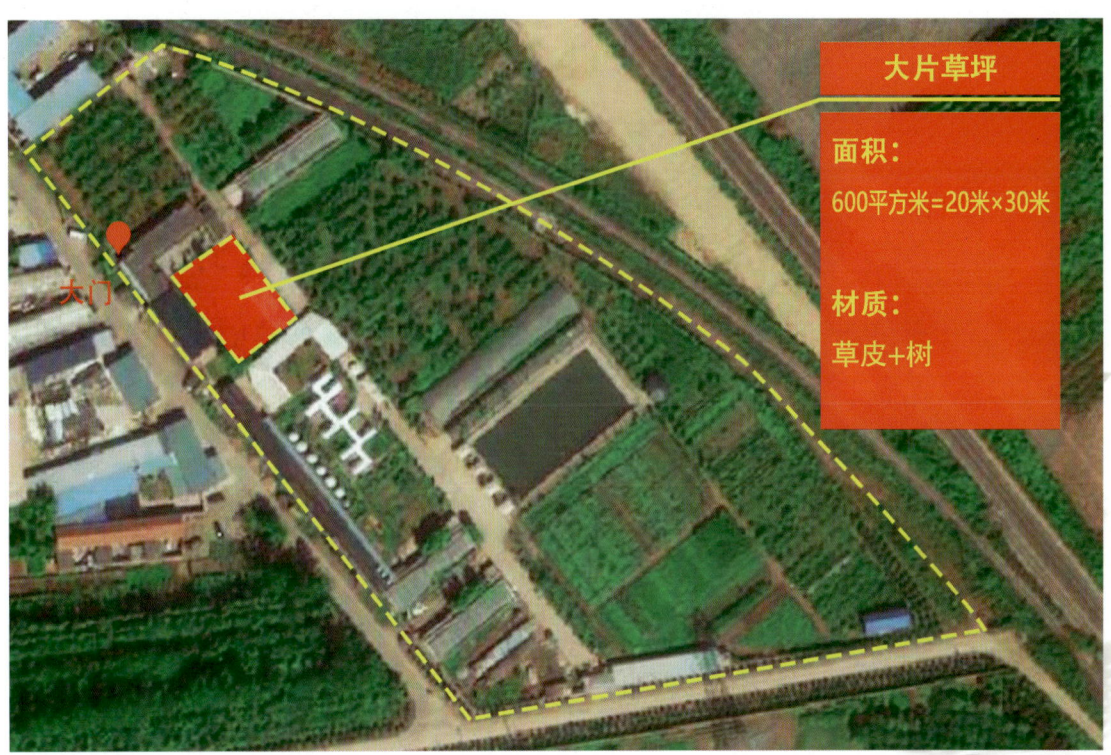

大片草坪

面积：
600平方米=20米×30米

材质：
草皮+树

大门

大片草坪位置

大草坪实景

草坪占地 500 平方米，有草坪颜值一下子提高不少，做户外亲子活动，小孩子玩耍都可以。

四季民宿位置

房间外的小院

民宿内的"三人床"

民宿区内部走廊

四季民宿一共9间,占地260平方米(不含房间前的小院)。价格从480~1 880元不等,民宿并不单独售卖,而是和早餐、体验活动绑在一起卖,比如,一家三口,提供一日三餐,外加农场体验活动,打包价1 295元。

民宿的小院

接待中心和超市位置

接待中心内部布局

农产品货架

超市货架

接待中心和超市是一起的，占地大概70平方米，主要出售园区自产的时令蔬菜、水果和精选的优质农产品。

超市的产品有三种方式售卖：会员、非会员、VIP专供定制。一般的产品都可以灵活购买，满200元顺丰包邮，如果一次性购买5 000/10 000元的会员卡享受会员价，比正常价略低。VIP专供定制是指按节气配送产品，3 888元3个月共计配送10次；8 900元6个月共计配送24次；17 800元分12个月共计配送48次。

蔬菜盆栽

二、主要客户群及对应产品

转型前后客户及产品对比

	产品	有效渠道	服务对象	必备硬件	必备软件
转型前	有机蔬菜	—	对健康蔬菜有需求的高端家庭	土地	—
转型后	一日游产品	直客	国际学校等	酵素农田、住宿草坪、节气工坊御风厅、前台及超市	适合不同节气的课程和活动；庄主的业经验分享
	田园会议	直客	培训机构、中小型企业		
	住宿/餐厅	直客	散客家庭		
	酵素农产品	直客转化来的会员	健康蔬菜有需求的高端家庭		

现在"三生万物"的四类主要客户：

第一类：国际学校、其他高端幼儿园。因为理念对得上，家长带着孩子被组织过来，来了干什么？主要为他们提供一日的亲子活动，三生万物根据二十四节气来开发自己的课程和活动，不同的季节有不同的活动方案。

第二类：培训机构、中小型企业。有一些培训机构，来农场需要用到会议室，饭点需要用餐甚至住宿，这些都是培训机构的需求。还有中小型企业，北京的公司比较多，一到年底，各种公司年会预订，需要吃饭，需要会场，需要话筒，音响设备等。

第三类：散客。散客更好理解了，你以前跟着团来过，发现这个地方不错，是个周末遛娃的好地方，于是成为回头客。你来了得吃饭吧？休息的时候需要房间吧？那水果熟了，娇滴滴的在树上瞅你，你不能不赏光吧？唉，这是散客。

最后一类客户：健康食材的高端家庭。你不经常过来我农场，发现这是一个用心种植的地方，没有打药，用的有机肥，人工除草，使用酵素……

最后你服了，相信了，下决心买了三生万物的会员卡，从农场购买食材。据统计，从2013年起，农庄目前大概积累了100多个这样的会员。

庄主们，是不是这么回事？我直接卖给你好的农产品，你不容易接受，那我用其他产品先从你兜里掏出几次钱来，最后你主动成了为农产品的消费人群。可谓是曲线救国，一箭四雕。

小　结

　　很多朋友转行过来做农业，因为不了解，所以，想当然地以为只要包一块地，或种或养，打上"生态、绿色、无公害、有机"的标签就能在市场上脱颖而出，杀出一条血路，可结果却被现实抽完了左脸抽右脸，摁在地上来回摩擦。

　　话说这三生万物，转型前唯一的产品叫"有机农产品"，苦于没有有效渠道，无法把产品变现，贱卖了又舍不得。

　　这时候，有朋友有疑问，这北京新发地等蔬菜批发市场、沃尔玛家乐福等超市不都是渠道，怎么能说没渠道呢？李涛这里冷笑三声，蔬菜批发市场卖有机蔬菜，就好比地铁两边的摆摊的大爷卖钻石，好比淘宝店卖爱马仕的包包，他敢卖您敢买吗？这蔬菜批发市场，说到底只相信看得见的，你西红柿个头大小、蒜薹老不老、梨子甜不甜，价格够不够便宜，人家比的是这个。好家伙，您去了空口无凭说自己是有机蔬菜，说自己不用化肥只上有机肥，说自己不打农药人工捉虫，您还以为真有人信呢？更何况，有机蔬菜虽然口感好，但品相那真是不好，虫眼那是常有的事，品相上远比不上化肥农药催大的。

　　既然蔬菜批发市场这个渠道走不通，那咱通过高端超市销售总可以吧？李老师拍拍您肩膀：没！戏！

　　您当超市是那么容易进的吗？别的咱先不说，就进店费一项就收的你连妈都不认识了。即便进店费、促销费、保证金交了，我问你，这超市能不狠狠地割上一刀？什么？你不乐意？那管用吗？咱们根本就没有平等对话的权利，你爱卖不卖，后边有的是愿意给超市供货的。要不说这超市赚钱呢，一头压低供货商价格，一头想着办法加价卖给消费者，大肥肉左手倒右手，虽然肉不是你的，沾的满手猪油是半点问题没有。

　　三生万物用 6 年时间证明了此路不通，大家就不要前赴后继了。如果你实在想试，那先问自己几个问题：市场会不会比北京大？自己的管理水平会不会比在拥有 14 年外企管理经验的张文静牛？你能不能坚持得比张文静更久？如何回答完这几个问题，还想做的话，那就去做吧。

　　实际上，农业的产业链存在一个微笑曲线。农业种植养殖等一产是利润最小的一个环节，往产业链上游延伸，做化肥、农药的好一些，搞育种的利润空间更大；往产业链下游延伸，做农产品加工的好一些，做农产品渠道和零售的更好，这就是联想集团做农业的切入点——做渠道和行业标准。

三、你会是第二个三生万物吗？

想要成为三生万物，先问自己 3 个问题，有没有合适的土地？有没有活动策划及活动执行能力？当地市场需要什么产品？

1. 土地性质

原来做农业，没人会管你，甚至规模达标，还能申请得到农业补贴。可是休闲农业就不一样了，加入了餐饮、多功能厅、甚至是住宿等业态。这些都是需要用到土地指标的，最近的大棚房拆掉就是因为没有指标，别跟我说你关系硬，说完，不仅大棚房照拆，拆完房拆你的后台，看你丫小样的还嘴硬。

所以，最保险的办法是先去国土局查查你这块土地的性质。如果是基本农田那想都不要想，如果是一般耕地，先把你要做的事和国土局的同志汇报一下，看看能不能做。如果你小子踩了狗屎运拿到的是四荒地，那就买瓶白酒去庆祝庆祝吧，这类土地性质限制最小。

2. 活动策划及活动执行能力

三生万物最主要的客户是国际学校及其他高端幼儿园，这几百人过来了，你拿出什么活动方案让这些人精满意？光有方案还不行，你不得出人来执行吗？这些人从哪来？所以活动策划及活动执行是这件事情的核心。具体的内容我在后边的苹果树下的案例中有详细解读。

3. 当地市场需要什么产品

最后要说的是因地制宜。做谁的生意？提供什么产品？人家三生万物靠着大北京不大要紧，市场上什么客户都有。你如果是一个三四线的城市，这四类客户是不是都有？市场上有没有类似的产品提供？如果没有的话是供给问题还是市场接受问题？这些都需要在落地的时候因地制宜。

关于三生万物，我采访制作过一期视频，可能对于您理解三生万物模式有帮助，收看方法：微信扫描旁边的二维码关注公众号"农未来"，直接回复：三生万物，就可以看到了。

凤凰天堂有机农场

80亩地，年营业额千万元，一个"一鱼多吃"的项目

凤凰天堂有机农场，一个京郊只有80亩地的农场，据说年营业额接近2 000万元，农场周末最多接待过800人，而且接待质量有保证，这对于服务中产阶级的农场来说是个不小的挑战，坪效比极高。**这样的成绩得益于它"一鱼多吃"的经营思路，用"产品矩阵"让一波游客多次变现。**

项目航拍图

一、项目图解

项目区位置

凤凰天堂有机农场位于"北京市海淀区苏家坨镇台头村凤凰岭路",背靠凤凰岭,南接翠湖湿地公园,是北京环境最好的地区,同一时间,即便城里有雾霾,这里的空气也会好一个级别。

农场距离北京市中心的距离约41公里,市场可以辐射到全北京。

值得一提的是,这里距离北京 AAAA 级景区"凤凰岭自然风景公园"只有不到3公里。凤凰岭有"北京绿肺"之称。

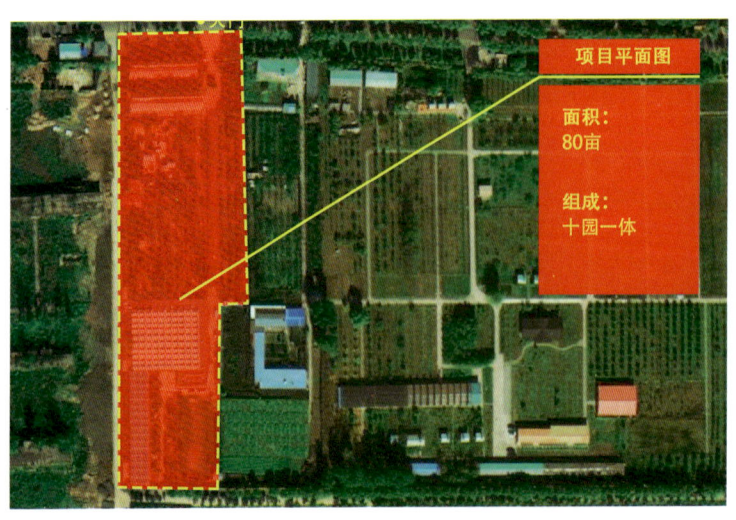

项目平面图

凤凰天堂有机农场号称"十园一体",即花园、菜园、果园、采摘园、动物观赏园、有机美食园、儿童游乐园、生态养生园、家居博览园、家具专卖园。

作为农场,它不仅有农业生产的功能,还兼具餐饮、住宿、休闲、品牌宣传、有机农产品销售等功能。

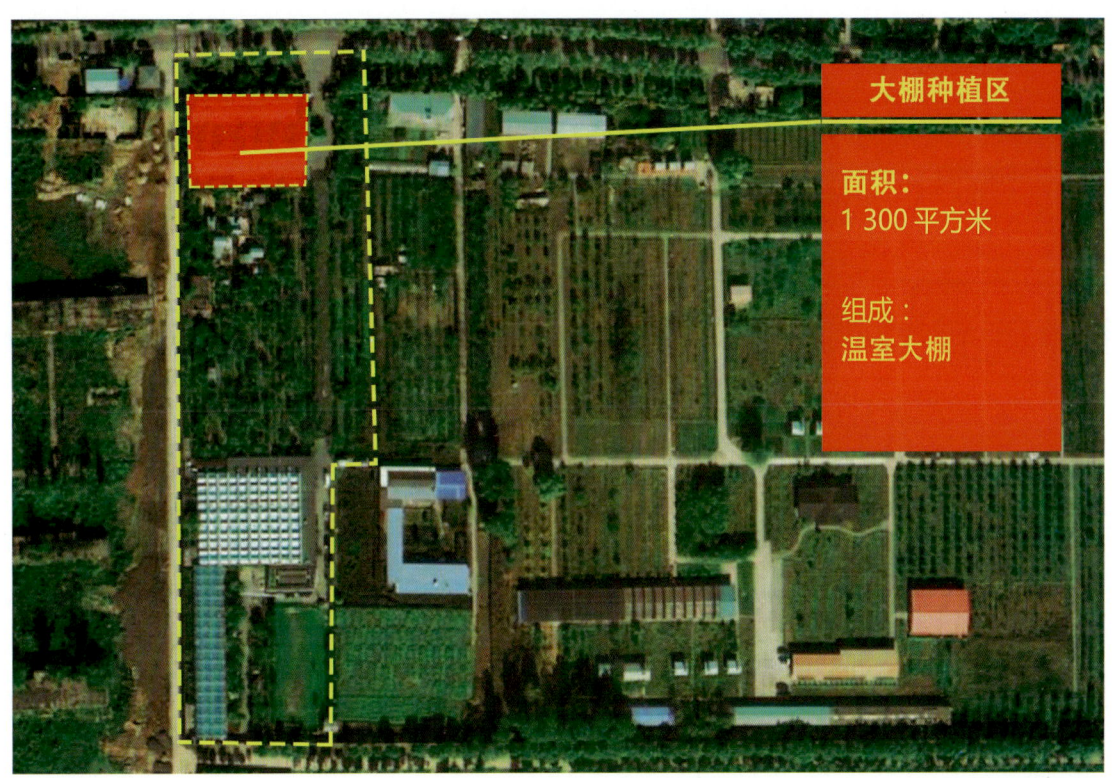

大棚种植区

面积：
1 300 平方米

组成：
温室大棚

大棚种植区位置

大棚种植区轮廓

棚内草莓

棚内辣椒

棚内叶菜

棚内果菜

棚内番茄

大棚种植区有两个大棚，占地面积约1 300平方米，种植一些常见的蔬菜和水果，草莓、西红柿、黄瓜、豆角等，主要用于游客采摘和会员配送。

大棚同时也是一个"课堂"，因为大棚（包括整个园区）都是采用有机的种植方式，不使用农药化肥，所以，园区也会教顾客如何辨别有机、如何防虫、如何观察土壤等。

动物喂养区位置

孔雀

51

兔子

矮马

鹿

鸵鸟

驴

奶牛

鸡

鹅

小羊

火鸡

羊驼

小狗

动物喂养区养殖了十几种可爱的小动物,孔雀、小鹿、鸵鸟、矮马、小白兔等。

虽然品种很多,但是并没有什么气味,看来平时的卫生做得特别到位。园区把蔬菜的边角料拿来卖,每袋 10 元。

动物喂养区是出现在家长朋友圈最多的板块,小朋友见到它们简直迈不动腿。

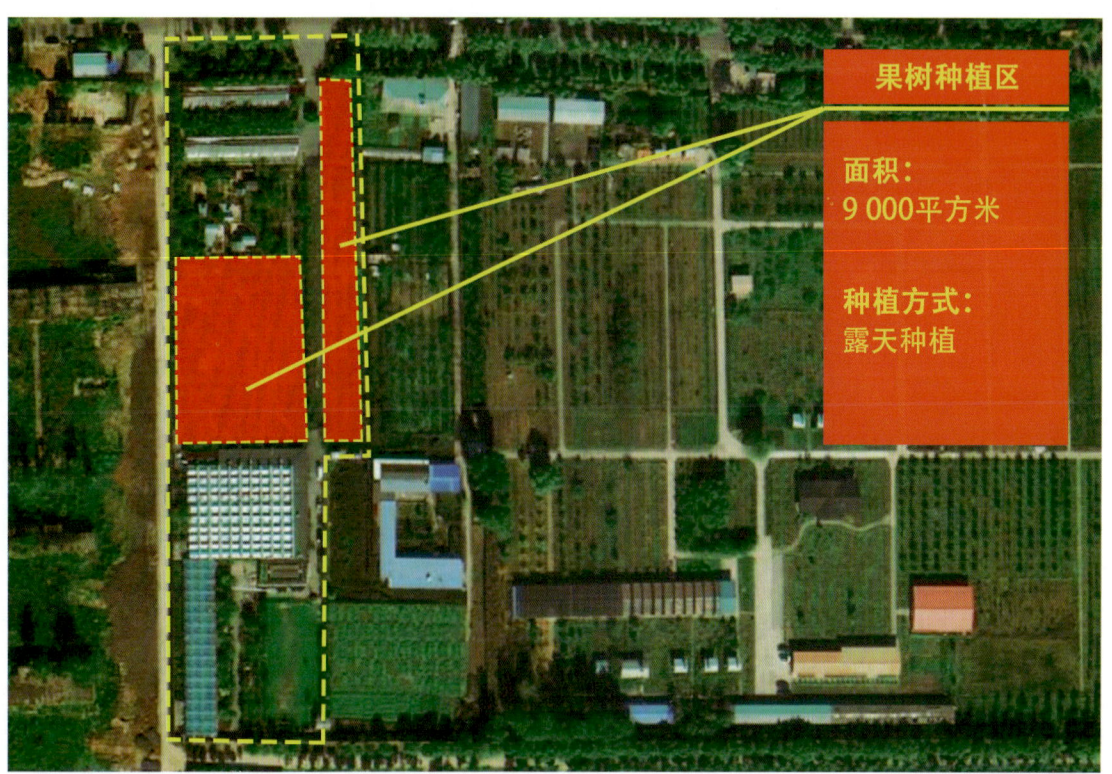

露天果树种植区位置

果树种植区

面积：
9 000平方米

种植方式：
露天种植

种植区的果树

种植区的采摘

种植区的石砖

种植区的蔬菜

露天种植面积约 4 500 平方米，主要种植樱桃、桃、李子、杏、苹果、核桃等。中间穿插着种植一些蔬菜。这样大量的游客到园区做活动的时候就可以有的摘了。

值得学习的一点是垄中间用砖铺了一条小路，这样既照顾了客人爱干净的心理，又满足了他们接触大自然的需求。

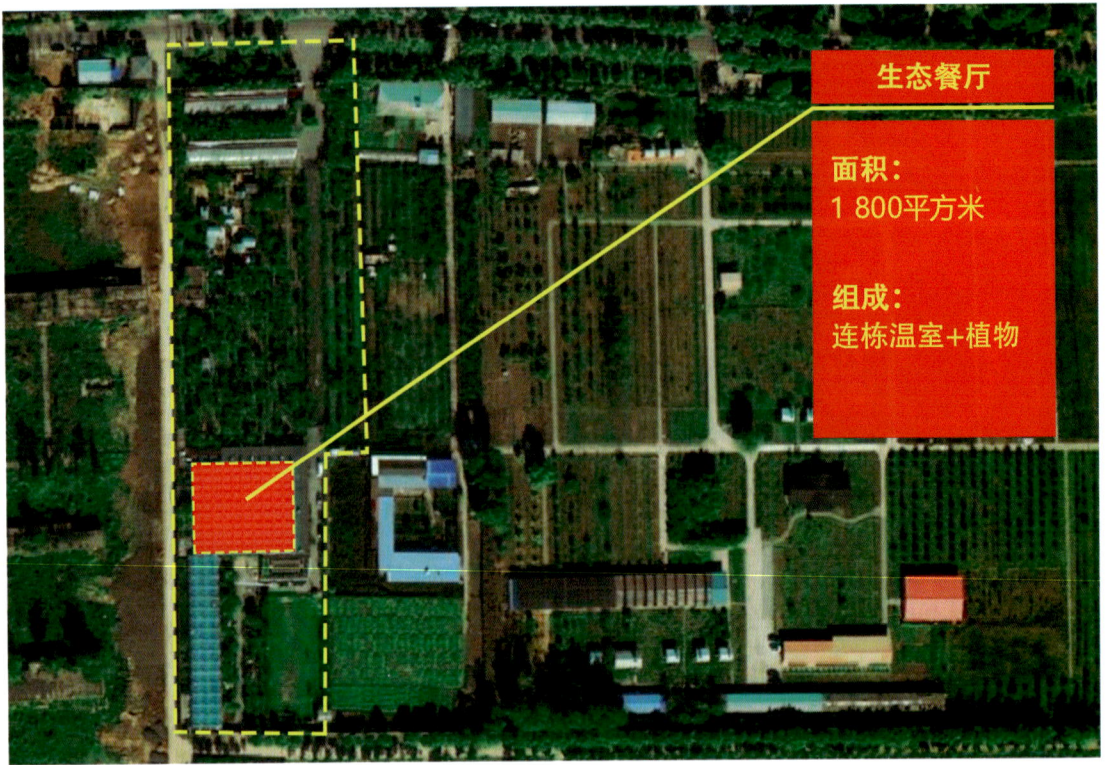

生态餐厅位置

生态餐厅航拍图

凤凰天堂有机农场

生态餐厅内部

生态餐厅内的舞台

散客用餐区

生态餐饮独立的就餐环境

这是一个像花园一样的餐厅，占地面积1 800平方米，种植了70多种南方植物，橘子、柠檬、芒果、香蕉等，让亲子家庭认识观察，学习农业科普教育知识。

餐厅分为两部分，一部分以服务团队客户为主，有舞台、宴会厅，婚宴、培训、室内DIY等都可以在这里进行；另一部分以接待散客为主。

散客中午用餐不能单点，一荤一素100元/人。不过，后来听说停业了，没办餐饮许可，大棚内的餐饮项目有政策风险，未来的产业发展一定要尽量正规。

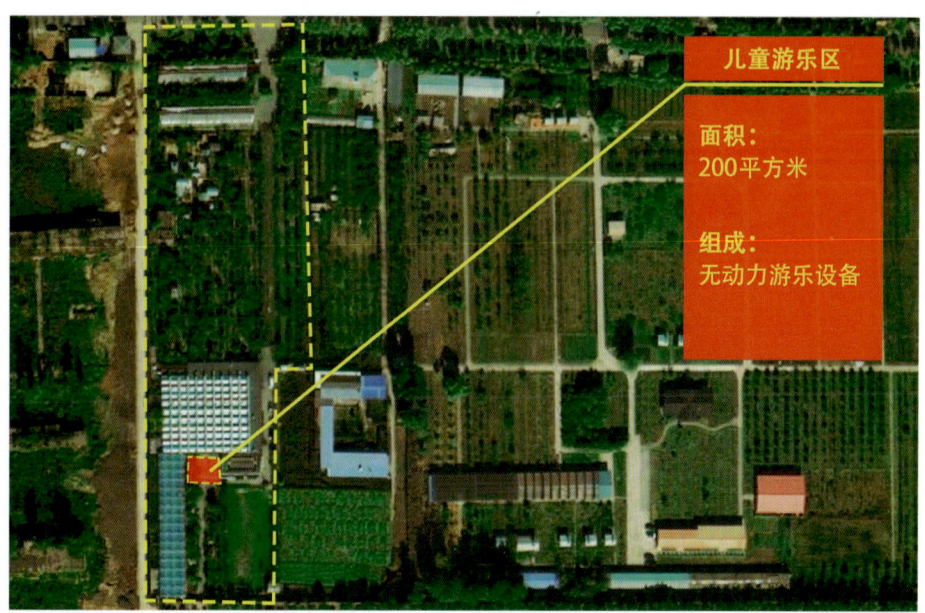

儿童游乐区位置

儿童游乐区实景

儿童乐园的户外游乐区并不大，主要是滑梯和滑索。

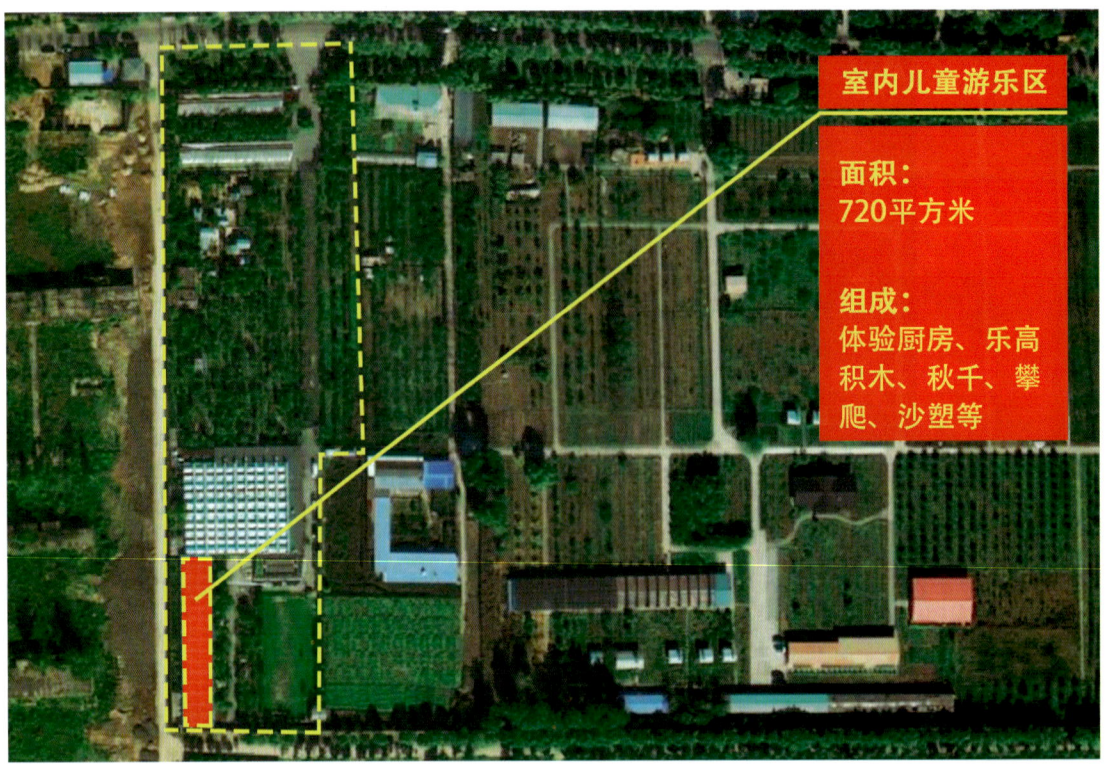

室内儿童游乐区位置

室内儿童游乐区的篮球

室内儿童游乐区的桌式足球

室内儿童游乐区的乒乓球

　　室内游乐板块在地下一层，占地面积720平方米，按孩子年龄段设计，有体验厨房、乐高积木、秋千、攀爬、沙塑、保龄球、射箭、面塑、乒乓球等。

　　为了保持新鲜感，园区每年更换6种儿童娱乐设施。园区门票20元，买了门票就可以享用这里所有的设施。20元门票还可以当钱去采摘。

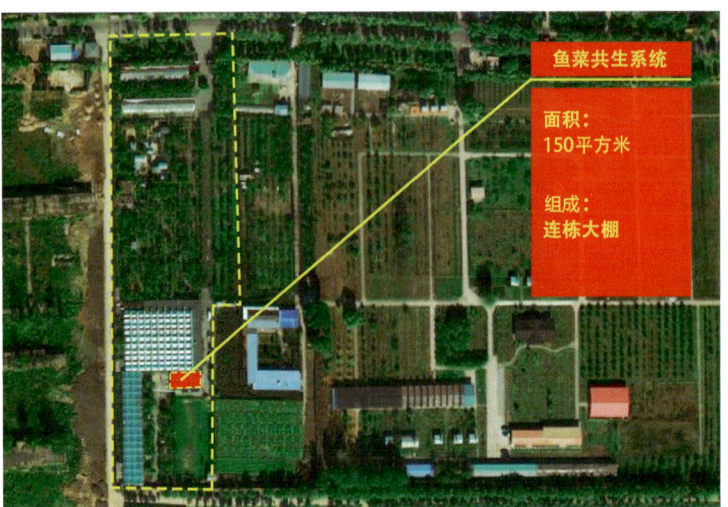

鱼菜共生系统位置

鱼菜共生系统内部实景

鱼菜共生系统的菜

鱼菜共生系统的青菜

鱼菜共生系统中的鱼

这个 150 平方米的大棚内设置了一套鱼菜共生系统,就是传说中的"种菜不施肥、养鱼不换水"。

不过这套系统的"科普"意义大于实际的生产意义。可以用于一些亲子团体的活动和科普。

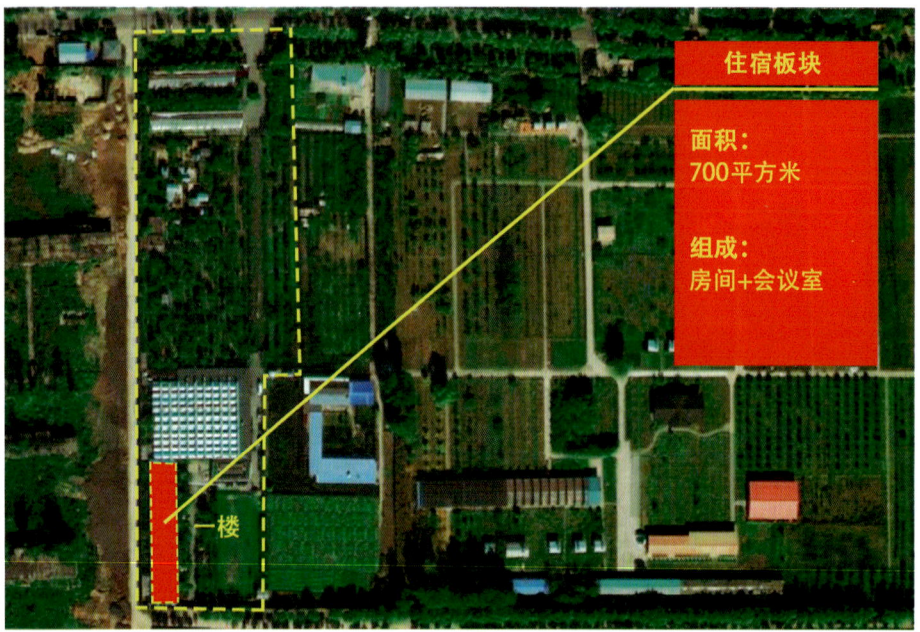

住宿板块位置

住宿板块内部实景

住宿板块内部实景

住宿和会议总占地面积为 700 平方米，房间内使用的家具均由母公司华日家具提供。

凤凰天堂有机农场

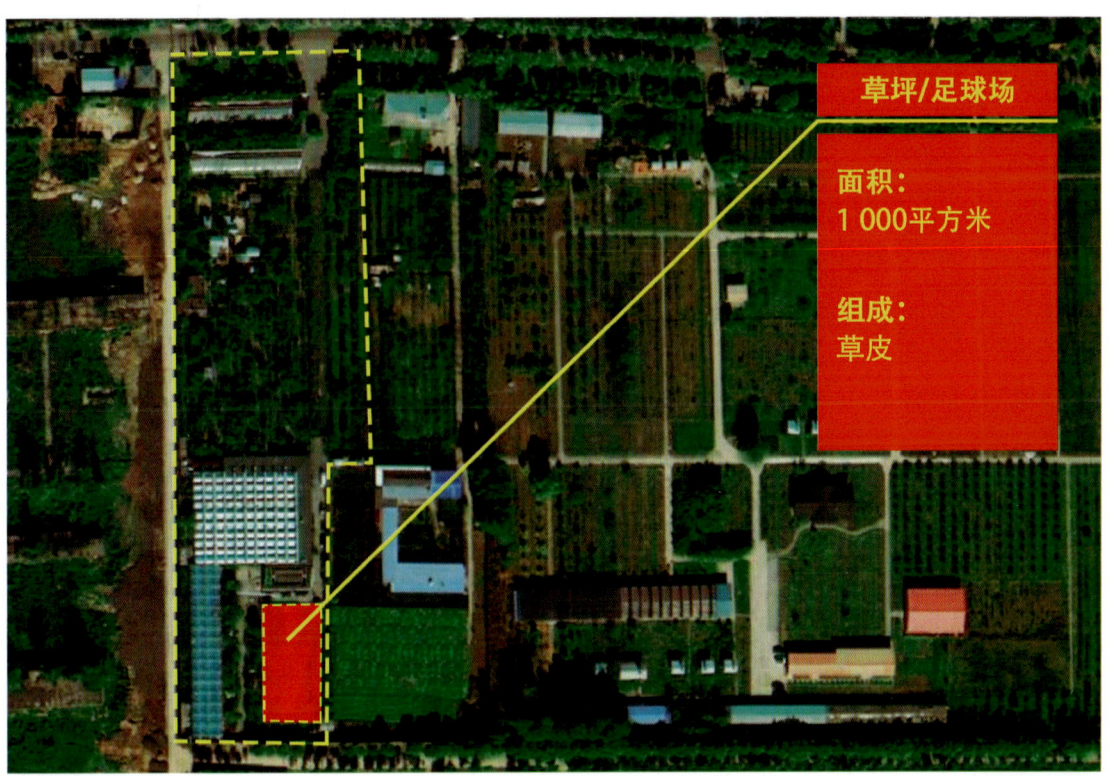

草坪/足球场

面积：
1 000平方米

组成：
草皮

草坪 / 足球场位置

草坪 / 足球场实景

1 000 平方米的草坪，是足球场也是户外活动场地。

69

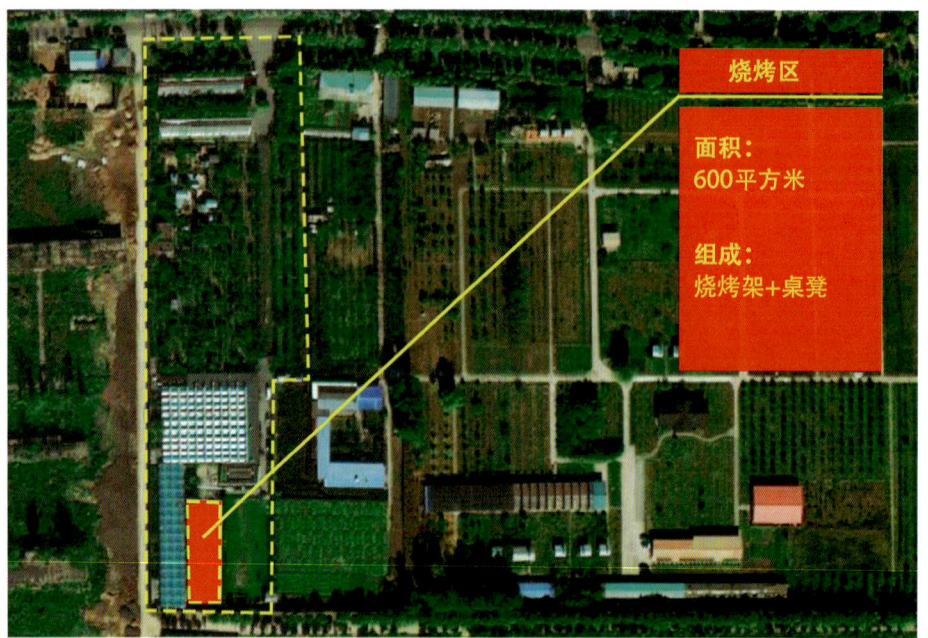

烧烤区位置

烧烤区实景

　　烧烤区占地约600平方米,需要提前预约,园区提供炉子、炭,每人25元,送0.5千克蔬菜。相当于入园享受这个环境和设施需要有个最低消费,这个最低消费就是购买0.5千克有机蔬菜。

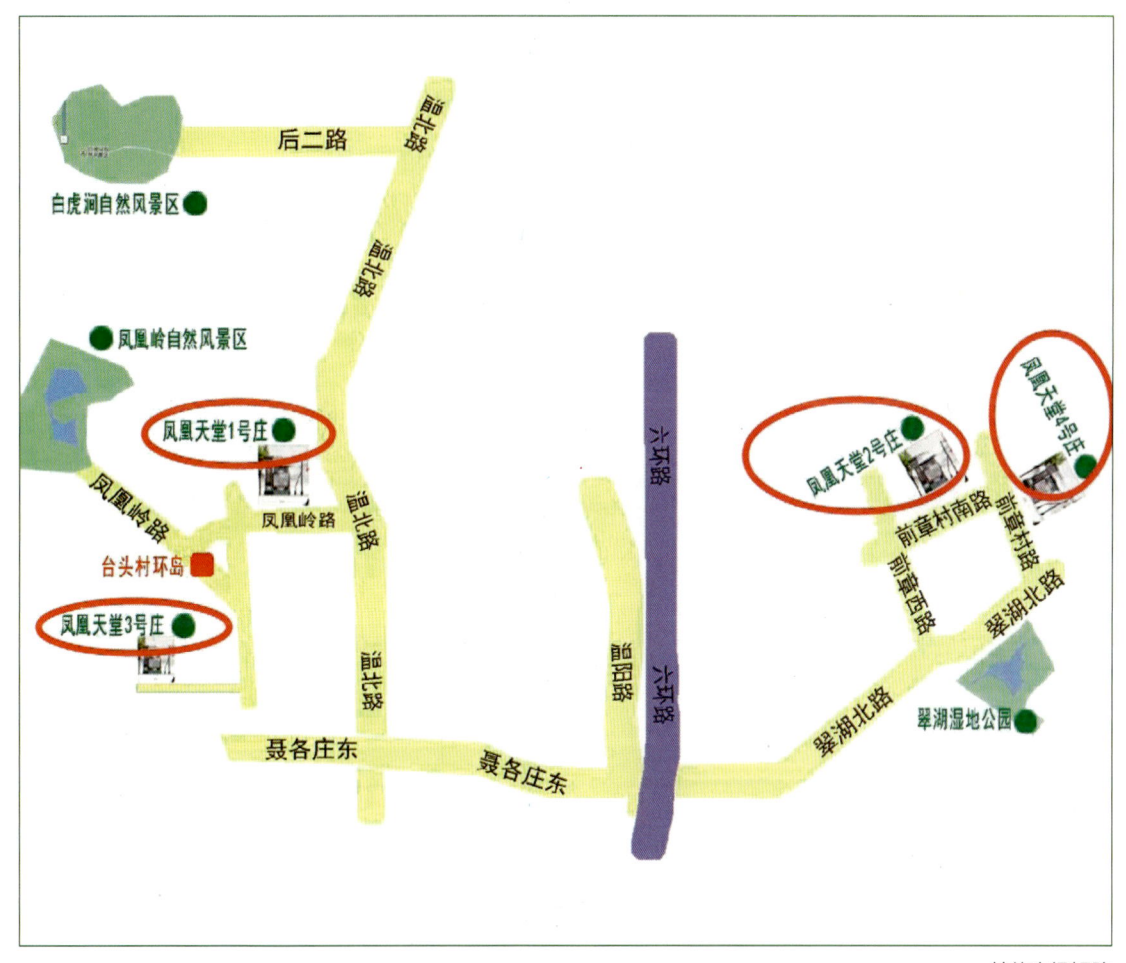

其他农场矩阵

  凤凰天堂是华日集团的 1 个观光型农场，还有另外 3 个生产型农场，有种菜为主的，有养殖为主的，上文介绍的是偏亲子游的观光农场。

  以上，就是凤凰天堂有机农场能看得见的部分。

二、渠道分析

园区的门票 20 元/人，所以和亲子年票机构合作，持年票的客人可以享受一次免费入园，1 千克蔬菜/家庭。

还有一部分客人是来自华日家具的购买者。凤凰天堂的母公司是"华日家具"——一个有着接近 50 年的老牌家具企业。全国有 400 多家售后网点，仅北京就有十多家门店，是一家偏高档的家具企业。所以，家具购买者会部分转化成休闲农庄的客户，甚至是有机农产品的 VIP 客户。

除了散客外，园区也接待团客，像幼儿园、公司团建、朋友聚会、婚宴、培训会议等。特别是幼儿园的亲子游，农场自己设计一天的活动，用来承接幼儿园和机构的亲子游。

三、模式分析

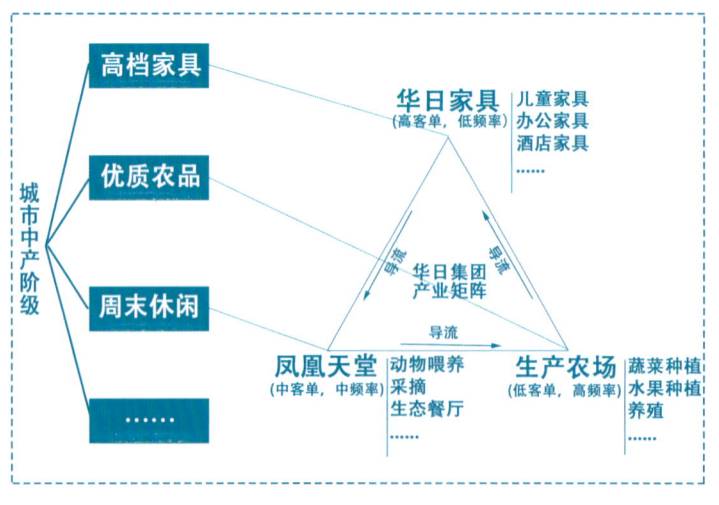

运营模式图

华日的 3 个实体项目：华日家具、凤凰天堂有机农场、生产型农场。项目之间并不是独立存在，而是"相互依存，互相促进"的关系，这是它成功的核心。

先来说说他们的老本行——家具。华日家具是一个拥有 50 年历史的老牌家具企业，有大量的高端群，但家具这个产品的特点是**"高客单价、低购买频率"**，买过一次，很难说再换一套。对于企业来说，好不容易开发出来的客户就这样就没有价值了。

于是，凤凰天堂有机农场的出现，给了这一批客户再次变现的可能，农场主要满足于他们的周末休闲的需求，或朋友小聚或家庭自驾游等。但观光农场的特点是**"客单价中等、购买频率中等"**，每年来个三五次的算多的了，不太可能成为日常消费品，再加上观光农场的客单价并不高，一两百块钱，所以天花板就在眼前。

而生产型农场的存在则是华日家具的一个很好的尝试。你可以不天天来我农场，但是可能你成为会员每天都在吃农场的产品。**这个项目的购买频率够高、客单价也够大。**

为什么说三者关系是"相互依存、互相促进"呢？

买高档家具的、周末品质出游、日常吃有机蔬菜这三类人可能是同一波人，是重叠度很高的有点产阶级。华日集团则分别用这三个产品和客户之间三种需求产生联系。并且，产业之间做好相互配合，购买过家具的客户会被推荐到观光农场那里；到了观光农场里发现这里环境很好、消费和体验过程中塑造了自己"有机农场"的品牌，农场一进门处就堆的农家肥，再加上鱼菜共生系统、有机农产品采摘等，这些都是在为另一个产业"生产农场"打基础，经过几次体验之后，很可能成为生产农场的忠实客户。而观光型农场 80 亩的面积，显然不够支撑起客户的需求，这时可以从生产型农场拿货。而生产农场和观光农场的高质量、高频率的存在也以为华日家具做品牌构建，因为观光农场的住宿房间里用的全是"华日家具"，这是一个非常好的宣传窗口。

三个产业，三个流量入口，无论从哪个入口接触到华日，都会被留在这个"产业矩阵"中，这就是华日集团的"一鱼多吃"。

但是，我个人并不看好华日家具的第三只腿"生产农场"。**因为居民的生鲜需求是一个复杂的系统工程，需要有足够的生产基地、成熟的品控团队和高效的运营队伍，无论如何这都不是一个农场可以做起来的，生产型农场充其量只是众多"生产型农场"的其中一个而已。越往后做，竞争越激烈，农场的出路是要么往大了做，做行业的整合者；要么往专业做，高效率地生产出高品质农产品，成为有价值被整合的对象。**

所以，大家在做自己农场的时候，也要考虑这个问题，你的项目真的只做一个产品吗？如果是多个产品，哪个是你的牙刷产品（也就是每天会被用到的产品）？哪个是你的盈利产品？哪个是你的流量型产品？这些产品之间如何相互引流，互相加持？

之前有给凤凰天堂有机农场做过一个航拍视频，可以从 500 米高空俯视整个园区，**关注公众号"农未来"，回复"凤凰天堂有机农场"**就可以看到了。

御林汤泉度假村

350亩地，仅住宿一项年营业额千万元，一个有"特色"的项目

度假村入口

度假村内餐厅

这是一个占地面积 350 亩的农庄，说是"农庄"，但是每年仅住宿一项的营业额超过 1 000 万元。

住宿 1 000 万元营业额是什么概念？如果把农庄利润率排序，那住宿的利润率妥妥的排在第一，餐饮虽然能拉出比较高的营业额，但是架不住食材、后厨工资这些高成本；有的园区亲子活动一年也能做个几百万元，但是活动导师、材料、车辆、保险等算下来，也不低，毛利 20%~30% 就不错了；农产品更甭提了，别说盈利了，恨不得把你老本都给赔上。

所以，当园区负责人王玉祝先生跟我说到 1 000 万元营业额的时候，我那是打心里一惊，着实是佩服。

园区负责人王玉祝先生是一个爱分享又很有经验的老大哥，他经营园区有 13 年之久。2016 年的时候我曾去拜访过他，在沟通中发现，出现最多的一个词是**"特色"**，这个特色反映在园区的各个角落，反映在园区的每一次再造升级中。

御林汤泉度假村

温泉小院

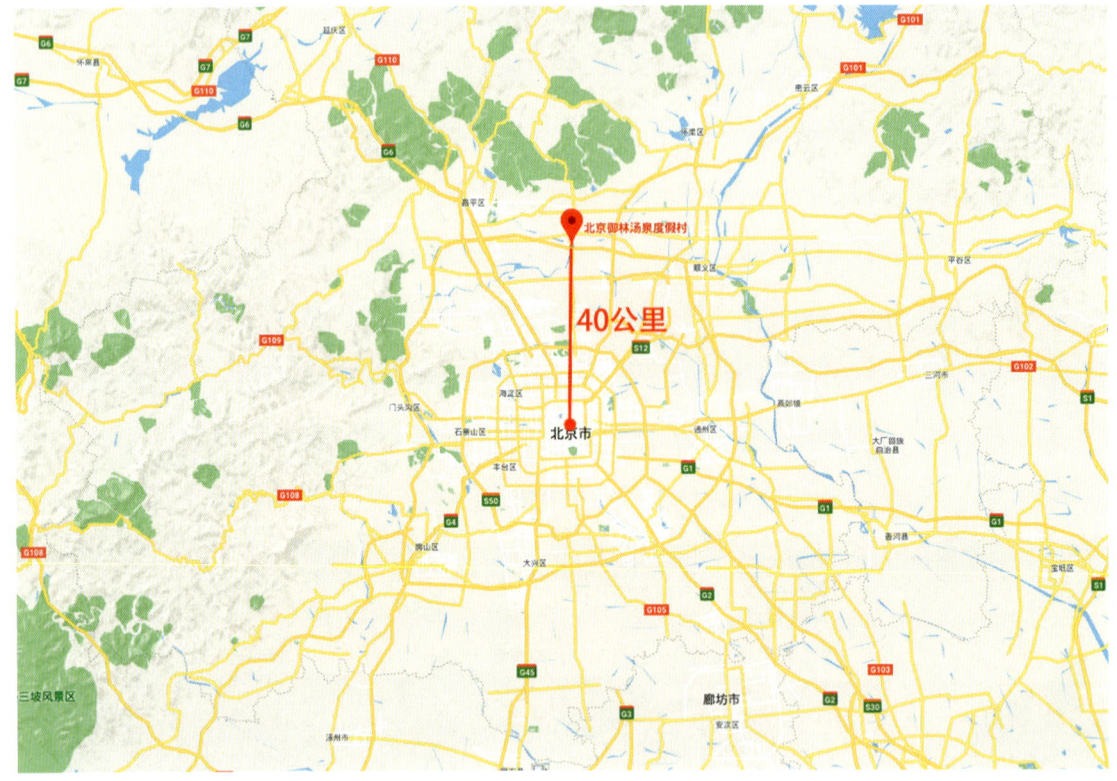

项目区位图

御林汤泉度假村，也叫御林汤泉农庄，位于北京市昌平区小汤山镇，在北京天安门正北 40 公里，六环路边上。园区服务半径约 100 公里，也就是服务于北京本地的周边游产品。

从面积上看，御林汤泉度假村的主体还是农业为主，350 亩的占地面积其中农业生产占 300 亩，包括 80 亩大棚种植和 220 亩的露天种植。

农场住宿板块设计得很巧妙，都是利用农场地形，把不能用于生产的部分改造成可住宿的部分，所以，我对农场的理解是一个**"藏在农场里的酒店"**。

这就是农场的概况，一个以农业为"主"，但是靠住宿盈利的农场。

那既然住宿是最盈利的板块，是不是其他板块就不重要，其他板就可以逐步砍掉了呢？

完全不是，在考察中，王总反复提到一个词**"特色"**，其他板块虽然不是盈利支撑，但是为住宿板块打造了不同的特色，没有农业板块、小花海、拓展区、

项目平面图

多肉等盖起的摩天大楼,就没有你"住宿"站在楼上俯视天下的局面。

那都有什么特色呢?具体说来,就是这 7 个板块,7 种特色,给了客户 7 种不得不来的理由:

1. **种植板块——可采摘的酒店**

2. **小花海——可休闲观赏的酒店**

3. **自由拓展区——可自由拓展的酒店**

4. **多肉花园——可近距离接触多肉植物的酒店**

5. **会议室——可开展田园会议的酒店**

6. **餐饮板块——可提供生态美食的酒店**

7. **小温泉——有"私汤温泉"的酒店**

一、种植板块——可采摘的酒店

棚内水果

种植大棚

可采摘的酒店——这是御林汤泉度假村的一个特色。

为了让这个特色发挥到极致,农场想尽各种方法来拉长"有果时间",在北京这样一个地方,农场可以做到全年 11 个月有果。

扩种植方式:农场有大棚种植,有露天种植。

推品类:农场水果最少有 10 种,包括:草莓、樱桃、葡萄、梨、桃、杏、李子、西莓、冬枣、苹果等。

露天果树

扩品种：每个品类的水果尽量做到早中晚熟。

草莓种植：草莓种植于大棚内，每年12月中旬至次年5月底上市，大棚内一多半（大于40亩）种植的是草莓。

樱桃种植：樱桃园位于园区最西侧，每年5月下旬至6月下旬上市，露天种植，占地面积40多亩。

葡萄种植：葡萄也种植在大棚内，通过反季节拉长产品时间，每年的5月初至11月中旬上市，面积小于40亩。

以上3个品类就可以保证一年11个月有果可采摘了，此外还有1 000平方米白杏、2 500平方米黄杏、4 000平方米的李子、6 000平方米水蜜桃、4 000平方米早熟甜桃、10 000平方米苹果、10 000平方米冬枣、5 000平方米梨、2 000平方米核桃。

种植板块为农庄打造了一个大环境，并为餐饮和住宿起到了带动作用，这也是农业种植板块的核心作用。

二、小花海——可休闲观赏的酒店

小花海位置

小花海实景图

可休闲观赏的酒店——刚进门有一处小花海,占地面积约 1 300 平方米,种植号称薰衣草的"马鞭草",花期更长。

三、自由拓展区——可自由拓展的酒店

自由拓展区

面积：
800平方米

组成：
简单的游乐设备

自由拓展区位置

拓展区实景

秋千

可自由拓展的酒店——自由拓展区域可以理解为"无动力乐园"，有一些简单的游乐设备，占地面积约800平方米，据王总说，小孩看到这个就走不动了。

四、多肉花园——可近距离接触多肉植物的酒店

多肉花园位置

多肉花园

面积：
400平方米

结构：
大棚

种植多肉的大棚

多肉大棚内部实景

可近距离接触多肉植物的酒店——多肉花园位于3号大棚内，棚内种植了各种多肉植物，也是出现在客人朋友圈最多的地方。

多肉盆栽

各种各样的多肉植物

五、会议室——可开展田园会议的酒店

田园会议室位置

会议室内部实景

可开展田园会议的酒店——有 50~200 多平方米不同规格的大、中、小型会议室及贵宾室。可供举行 10~200 人不同规模会议,可开展工作会、培训会、联欢会等不同主题的会议及活动。

田园会议室内部实景

六、餐饮板块——可提供生态美食的酒店

餐饮板块位置

餐饮板块中的大厅

接待散客的包间

宴会厅

餐饮区有接待团客的大厅，也有接待散客的包间，最大的包间可接待 16 人，宴会厅可接待 180 人同时就餐。

七、小温泉——有"私汤温泉"的酒店

三处住宿,三种风格,温泉是主线。

温泉小院轮廓

温泉小院内房间

温泉小院内的池子

一期是温泉小院,虽然现在看上去条件简陋,但是在当时可以做到"一院一温泉"已经很有特色了,很多地方的温泉都是大池子,这里打"私汤温泉"的特色。

欧式住宿

欧式家居

欧式灯饰

一个房间配一个池子

做二期的时候,"私汤温泉"的做法被保留下来,在风格上更多地采用了小资们更乐于接受的欧式风格,欧式大床、欧式装饰、欧式餐饮等。

江南小镇风格

房间内部实景

  三期的住宿中仍然保留了"私汤温泉"的做法，不过在整个气氛的烘托，特别是灯光的运用上提升了不少。

总　结

"特色"是御林汤泉度假村 13 年来一路发展到现在的秘密武器。

从经营数据上看，御林汤泉度假村的盈利产品是住宿板块，它的竞争对手是城区内的酒店。那怎么才能让客人选择农庄而不是酒店？拼卫生？拼服务？拼交通？都不明智！农庄选择了拼私汤温泉、拼一年四季有果采摘、拼 350 亩绿植打造的环境、拼这里可以露天烧烤、拼露天的无动力游乐设施……这些都是酒店无法提供的"特色"。

一切特色围绕"住宿"。以种植板块为例，农庄种植超过十个类别几十个品种，懂行的知道这难度要比种植单一品类的技术和管理大得多，但是御林汤泉知道自己要的是什么？入住率！房间闲置一天和使用一天折旧成本和使用成本差别不大，提高入住率就是提高净利润。再如，私汤温泉的做法，北京很多地方泡温泉是公共池，私汤温泉的做法给追求私密、安静的家庭提供了无法替代的价值，而且，冬季一般是农庄的淡季，特别是寒冷的冬季，而温泉给足了人们出来的理由。

特色就是创造差异化的价值，成为竞品无法替代的方案，特色铸就了企业的商业壁垒，成为客户选择你的理由。

关于御林汤泉度假村，我之前写过一篇文章叫"休闲农庄要盈利，总结起来就 6 点"，是根据当时实地考察和采访时所写，收看方法：微信扫描旁边的二维码，**关注公众号"农未来"**，直接回复：**御林汤泉度假村**，就可以看到了。

青青世界

200 亩地，年营业额 1 个亿，一个持续运营 20 多年的项目

这是一个寿命最长的项目,准确说,青青世界1991年筹建,1995年开业,至今已经运营了20多年。

　　很多朋友可能会怀疑,一般项目总会有个周期,过这么长时间,怕是早衰老了吧。完全不是那么回事儿,笔者先后三次来到青青世界,不仅没有丁点衰老的状态,人家每年年入园人数100万人次,营业额将近1个亿,这状态简直是一个20多岁的棒小伙。

　　这个案例告诉我们,只要方法正确,休闲农业是一个可持续经营的项目。

青青世界航拍图

一、项目图解

项目位置图

项目的全称是"月亮湾青青世界"。

就在深圳的南山区月亮湾青青街,有想去的朋友到深圳后导航"青青世界"就能到。如果想住宿的不用提前买票,因为订房送票。

按 100 公里辐射范围算,项目主要服务深圳、香港、东莞 3 个城市,大概覆盖 2 702 万人口。而且,目标客户的消费能力很强,深圳市的人均可支配收入 5.2 万元(深圳市统计年鉴,2017),东莞市的人均可支配收入 4.2 万元(东莞统计调查信息网,2016),而香港的人均可支配收入更是吓人,高达 14.3 万元(香港公报,2016)。不仅消费水平有,消费意识也很高。人不但有钱,还有花钱消费的习惯。

项目平面示意图

　　青青世界是"精致农业"与"观光旅游"相结合的生态旅游景点，占地面积约 200 亩，园区每年接待的游客大约 100 万人，仅春秋游就能接待 20 万的亲子游客，被评为国家 AAAA 级景区。

　　项目的地形以丘陵和山地为主，平地很少。不过，青青世界有着丰富的内容，按照功能不同，大概分成 12 个板块。

热带雨林之彩虹桥

热带雨林之恐龙骨架

热带雨林之热带树

热带雨林之热带鱼

热带雨林是青青世界的明星板块,用雷军的话就是"爆品"。大家都知道,热带雨林有"地球之肺"之称,物种丰富,青青世界利用自身地形模拟了热带雨林的生态环境,雾气缭绕、空气甜美。

蝴蝶农场轮廓

散养的蝴蝶

　　蝴蝶农场,向游客展示蝴蝶从卵到幼虫、蛹、成虫的整个生长过程。为了让游客随时都能到青青世界欣赏蝴蝶,农场采用人工控温的方式,把场内温度控制在最适宜蝴蝶生长的27.5℃,营造一年四季都有蝴蝶翩翩起舞的迷人景色。

　　蝴蝶农场也是青青世界"森林小学"的第二课堂,配合学校的春秋游和课外活动,安排讲解人员向中、小学生介绍蝴蝶生态知识。仅春秋游,就能接待20万客流。

瓜果公园轮廓

瓜果公园中的蔬菜

果公园内设的"城市农夫"自留地,给游客提供一个自身体验农村生活,亲手耕种的机会。

一块2平方米的土地,租金580元/3个月,在租用期间,凭地契一家三口(2大人1小孩)可随时免费入园耕种。瓜菜成熟,摘回家细细品尝,着实火了一阵子。

青青世界说到底是个"周边游"产品,不太可能让东北的一家三口专程飞过去。既然是周边游,那就要有相应的产品,"城市农夫"给了周边居民一个去的理由,增加了客户黏度,更重要的是入园免费,但是餐饮、住宿并不免费,一家三口来了不见得住宿,餐饮则是必需的。这样还增加了消费。

森林乐园中玩耍的孩子

森林乐园中抓鱼摸虾

森林乐园中的泸定桥

　　森林乐园可以理解为"无动力乐园",让人们扔掉鼠标远离电子游戏,享受古老绳索原木游戏带来的乐趣,享受亲情带来的欢乐。其中,小火车、摇滚木屋、泸定桥都是很受欢迎的项目。

花卉超市内部实景 1

花卉超市内部实景 2

花卉超市内部实景3

花卉超市之多肉盆景

　　园区中有花卉超市,可供选购品种繁多的花卉、化肥、花具。

　　在这里不仅可以参观室内庭院、阳台园艺的经典布置,还可以与园艺师交流花卉养护的知识和心得,装扮美丽的家园。

游艺场轮廓

游艺场之滚铁环

园区专门拿出一块场地作为游艺场,有各种古朴自然的游戏,例如滚铁环、踩高跷、大板鞋等。

陶艺体验项目

陶艺馆

　　青青世界陶艺馆向游客展示陶的制作过程：炼泥、拉坯、修坯、上釉、烧制。

　　不仅是看，还可以动手制作，制陶100元/人次，不分成人和小孩，儿童玩陶45元/人次。

　　展厅展出的陶艺品，是青春世界陶艺师精心制作的、以佛山石湾窑为主要风格的，反映日常生活的陶塑小品，可对外出售。

榨油坊

榨油坊的动力来源——水车

这是古老的榨油机。在没有机械的年代，就用这样的大木头榨出我们生活所需的花生油、芝麻油等各种食用油。

景区自编的环保打击乐　　　　　　　　　　　小剧场

　　青青世界自己编排了环保打击乐，利用废旧的垃圾，变身演奏的乐器。

垂钓池

垂钓池近景

田园餐厅

最大的特点是就餐环境，非常之好，真实的环境比照片上显示的还要好，能多吃一碗米饭也毫不夸张，非常值得学习。

住宿板块之森林酒店

住宿板块之树屋

住宿板块之木屋

　　住宿板块有三种住宿形态，主楼、木屋、树屋。在他们主楼住过几次，一早起来真的是鸟语花香，空气也很赞，在一个繁华的都市，能有这种环境可谓是陶渊明笔下的"世外桃源"重现。

　　不仅有住房，还有会议室，是会议、培训的好地方。

二、运营数据及渠道解析

大家一定很好奇，这每年一个亿的流水出在哪了？园区总经理麦定章告诉我们，他们的营业额（2016年含税）接近1个亿。其中，门票、餐饮、住宿分别占到1/3。

利润方面：景区门票＞酒店＞餐饮。

餐饮营业额占比较大但是毛利较小，但是作为一日游，餐饮又是必备板块。酒店的前期投入较大，一旦建成，后期利润也比较高。**综合来看，餐饮是必备板块，住宿是盈利神器。**

渠道方面，因为园区收门票和房间费用，**所以景区在和OTA平台合作，如**，携程、去哪儿、美团、大众点评、驴妈妈旅游网、景点旅行网、艺龙、有鱼订房等。

园区的团客主要来源于旅行社、培训机构、幼儿园、中小学、家委会等。

当然，自己的主阵地还是**官网和微信服务号**。

三、青青世界如何做到"基业长青"？

青青世界持续良好运营，除了业务做得好之外，一定是具备了某种门槛，也就是大家模仿不了的地方。不然，就按我国人民群众的聪明智慧，马上就能起来一批"绿绿世界、美美世界、蓝蓝世界"出来跟你竞争，用不了两年，再蓝的海也得变红海。

那青青世界的门槛是什么？一是地理位置；二是独特的环境；三是合作共赢。

1. 地理位置

这第一大门槛就是青青世界的地理位置，90分钟车程可以覆盖到2 000万中国最有钱的人，准确说是辐射到深圳、香港、东莞3个城市，2 700万人口。

而且，目标客户的消费能力很强，深圳市的人均可支配收入5.2万元（深圳市统计年鉴，2017），东莞市的人均可支配收入4.2万元（东莞统计调查信息网，2016），而香港的人均可支配收入更是吓人，高达14.3万元（香港公报，2016）。

不仅消费水平有，消费意识也很高。总之，人多，钱多又爱花。你说气人不？

可能有庄主会有疑问，这个门槛指的不应该是"只有你有，别人没有"的才算门槛吗？这些人口基数和消费能力不是所有深圳的项目都应该具备的吗？

还真不是，先来说说深圳辖区的地形，长条状，南北窄，东西长。如果你把项目选在西北，香港的客人过来有点远，若选在东部，这下不仅香港远，距离深圳的福田、南山、宝安这些核心城区也都远了。所以，实际上，适合这类休闲观光农业的项目选址很有限的。

这里还是要强调一番，休闲农业说到底还是个周边游产品，别指望成为迪士尼，我专门飞过去只为你。既然是周边游产品，那就得在客人周边，要客人方便，反过来，距离目标人群越远，你后期的运营压力越大。

2. 独特的环境

不仅位置好，这里独特的环境，成为青青世界的第二个门槛。青青世界一边靠山，一边向海，整个项目被森林覆盖，大环境非常之好，最后一次去青青世界，站在最高处眺望，看到周围高楼大厦已经再建。青青世界和城市的繁华冰冷形成了鲜明的对比。可以说是城市化进程中被有幸保留下来的青山绿水，难怪乔羽老先生来到这里有感而发，写下了"青青世界"的传世佳作。

不仅环境好，人家青青世界利用的也好，利用特有的山谷地形，模拟了热带雨林的自然环境，成为园区的爆点项目，你说这怎么模仿？利用园区的环境，打造的能让你多吃一碗饭的生态餐厅，这种因地制宜的打造方式怕也难模仿吧？还有，利用丛林、山地环境打造的住宿体验，夜晚安静，一早起来可以听到鸟叫。

这些不能被复制的独特的自然资源，以及利用自然资源打造的餐饮、住宿、观光体验产品，让青青世界没有办法被复制。成为它的又一门槛。

3. 不求暴利，合作共赢

亲子游在一线城市的客单价少说也得 100 元以上吧？但是青青世界只收门票，门票的门市价 75 元，团队会更优惠。对于组织能力要求更高的研学游等，青青世界更是不直接参与，为合作伙伴留足空间。

这什么道理？

运营者清楚地知道自己的优势所在，绝佳的地理位置、独特的环境等都不是谁轻易能跟进的。

当然，运营者也深知自己的弱势，例如培养一个自然教育导师团队、再如策划一场亲子活动等，这都是自己不擅长干，或者干了不划算的，或者即使划算又很累的。

所以，青青世界选择的是：发挥自己的优势，挣自己应得的一部分，其他的部分留出来充分调动社会资源的积极性。

不知道我表达清楚没有？再举个例子，亲子农场，幼儿园是主要客户群之一，有些地方亲子农场刚兴起，客户追着农场，结果服务质量暂且不说，价格还贵得要命，没办法，谁让只有人家有呢。久而久之，有的几个幼儿园创始人联合干了一个亲子农场，有的连锁幼儿园索性自己投资一个亲子农场，服务自己同时也接待其他幼儿园，因为他一算，利润空间大，有利可图，值得投钱投精力去做。这时，你客户成了你的竞争对手，还有渠道成为你竞争对手的，大家都知道旅行社手里客户多，但是这几年日子不好过，一看谁家有个好项目，价格还杀不下来，几个骨干一商量，干，咱自己做一个。

看到没，一个项目，如果是暴利的就不太可能持续，如果是你自己吃独食，那更容易遭恨，只有考虑到几方参与者的利益，把他们绑在自己这辆战车上，那才能持久。

所以，青青世界是绝好的场地运营方，也是商业模式的高手。

我从青青世界那里要来了一个视频，希望帮您更直观地了解青青世界，关注公众号"农未来"，回复"青青世界"就可以看到了。

泰生农场

一个靠有机种植就能盈利的项目

泰生农场正门

泰生农场标志牌

泰生农场种植大棚

　　泰生农场是少数几个依靠有机种植就能盈利的农场,不过为此,泰生农场付出了至少8年的努力,亏损的那几年靠公司其他盈利板块支撑。

　　泰生农场所遇到的问题,估计很多农场主都有遇到过,幸运的是泰生农场用8年时间摸索出了有机农业的生存之道。泰生农场在有机农业方面都做了哪些工作?有哪些是我们可以借鉴的?这些才是我们更应该关心的。想要了解这些,首先需要对泰生农场的背景有一个简单的了解。

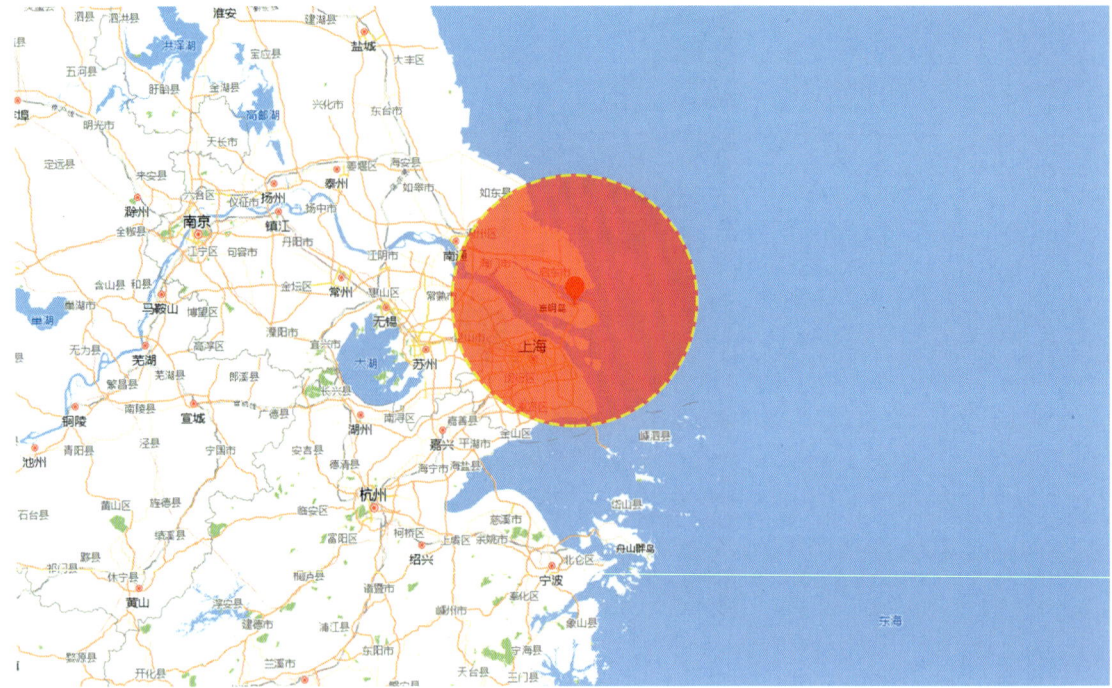

项目区位图

　　项目位于上海的崇明岛，自 1996 年开始一直从事种猪养殖，养殖业难免会产生一些粪便等造成环境污染，迫于环保压力和陈董事长的一些个人原因，2010 年起农场开始转型为"种猪养殖 + 有机种植"的生态农业，称为"泰生农法示范农场"。占地面积 680 亩，其中种植 420 亩，养殖 122 亩。

　　在 2018 年之前，有机种植板块都处于亏损状态，即便农场顺利拿到有机认证证书、还被评为上海级蔬菜生产标准园，也被评为崇明区现代农业龙头企业……仍然没有摆脱有机种植板块亏损的状态。园区负责农产品销售的李霞告诉我，直到 2018 年，有机种植板块才是有盈利的。

　　从 2010 年启动有机种植板块到 2018 年开始盈利，过去了整整 8 年时间。期间，农场也做过很多尝试来改善经营状况，起到关键性作用的是 2017 年对农场的全面改造，农旅结合。我们知道，有机种植成本高，不盈利很多是因为价格高卖不出去，也就是没有"有效出口"。泰生农场采用"农旅结合"的战略，旅游本身创造了一些收益，同时，通过旅游让目标客户了解泰生、相信泰生，从而增加了有机农产品的"有效出口"，这一点我后边还会尝试分析。农场都增设了哪些板块来做旅游？同时又是如何通过旅游来带动农业？下边先分模块简单解读，最后对模式进行整体梳理。

一、项目图解

接待中心是游客进大门后的第一站,也是游客的必经之地,除了前台接待、卫生间、休憩等标配功能之外,接待中心很重要的一个功能是"亮肌肉"——把农场的整体情况、农场的实力、农场的产品等展示给客人。主要体验在3个地方:农场沙盘、有机火锅、农产品专卖馆。

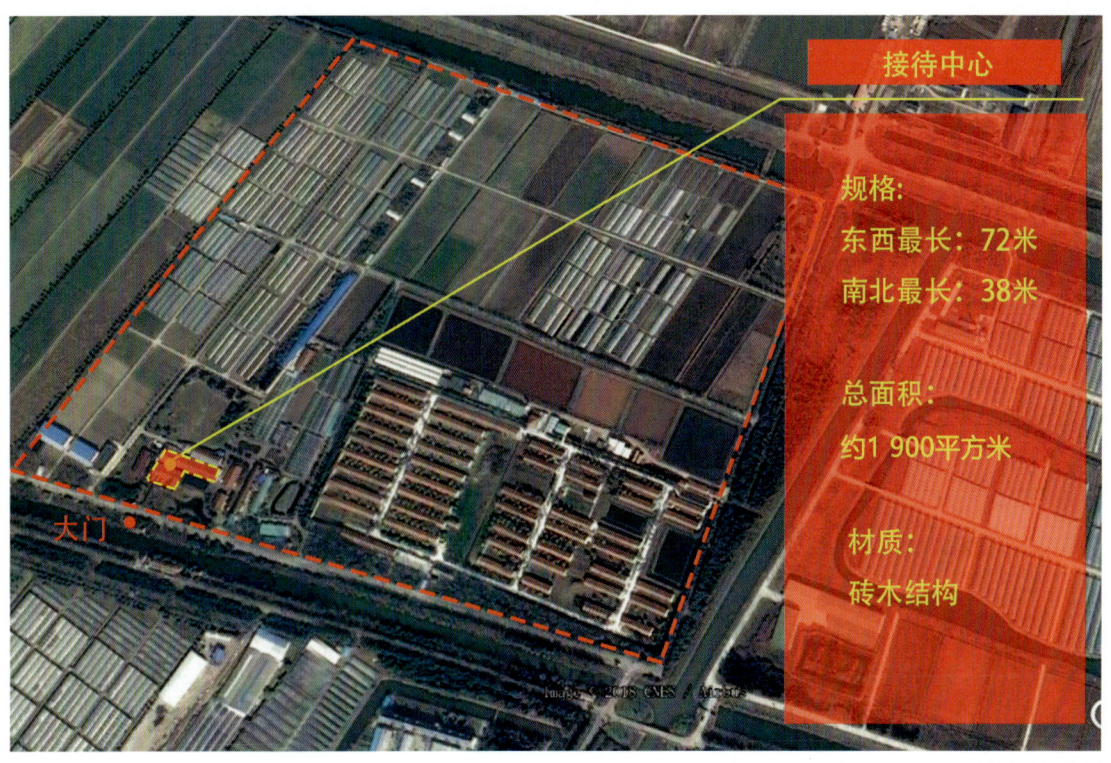

接待中心位置

农场沙盘会议室

农场沙盘

　　这是农场沙盘图，类似于售楼处的楼盘模型，把项目整体情况展示出来。当接待团客时，会先让游客进来，放一段视频，讲一讲农场的概况、理念、产品等。

有机火锅餐厅

自己采摘食材

体验有机小火锅

餐饮以有机火锅为主。这么设置餐饮是有一定考虑的,通过有机火锅,可以品尝到食物原本的味道。农场每月组织一次"做一天小农夫"的团队活动,让客人体验采收、清洗、装盘、吃火锅等体验,每人收费50元。也是希望通过这样的体验活动,让客人更真实地了解泰生农场。

农产品专卖馆

用于出售的菠菜

农产品专卖馆的功能不是"卖"而是"展",把农产品直观地展示给游客。如果客人吃得好,也可以购买农场的宅配服务,建立长期的有机食品供应关系。而专卖馆多在周末才有展示。

用于出售的京水菜

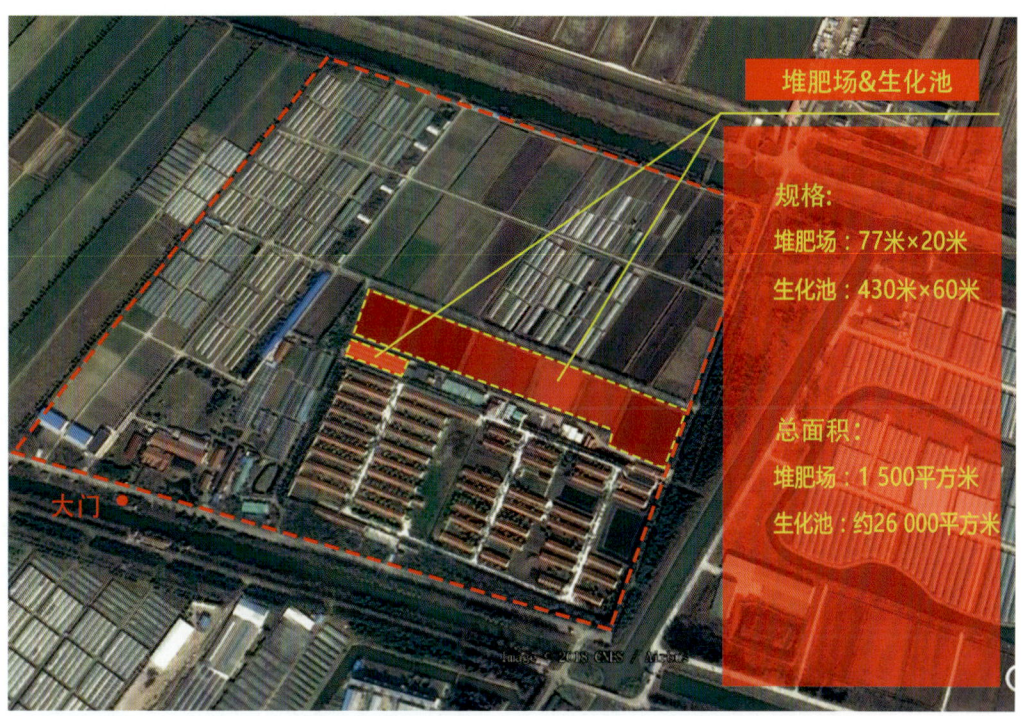

堆肥场&生化池位置

养殖业产生最多污染物的是污水和粪便,为了处理这些污染物,农场分别利用堆肥场和生化池来解决,这样不仅解决了污染问题,还变废为宝为有机种植板块提供了有机肥。

堆肥场

堆肥现场

堆肥场是农场的核心,新鲜的猪粪出来之后先经过干粪棚再到堆肥场,一般堆肥周期3~6个月,夏天需要3个月,冬季需要6个月。堆肥原料除了猪粪,还有菜叶、稻秆等,分层堆叠发酵。

堆肥场非常整齐,这让我想到了日本人的卫生间,日本人喜欢把最不走起眼的地方做到极致,给人的冲击很大,泰生农场把本应该最脏的地方做到了整齐、干净、有条理,像是给游客"表演",不过从现场的规模、工人的忙碌、不停地机械能看出,他们是在玩真的。**堆肥场不仅用来堆肥,也供游客过来参观,相信到过这里的客人对泰生的"有机"会有不一样的信任。**

堆肥使用的器械

生化池

  6个生化池让污水变液肥。污水储存、固液分离、初滤、氧化，最终变成液肥还田。生化池总占地面积近40亩，在寸土寸金的上海，这让我们看到了泰生做有机的诚意。

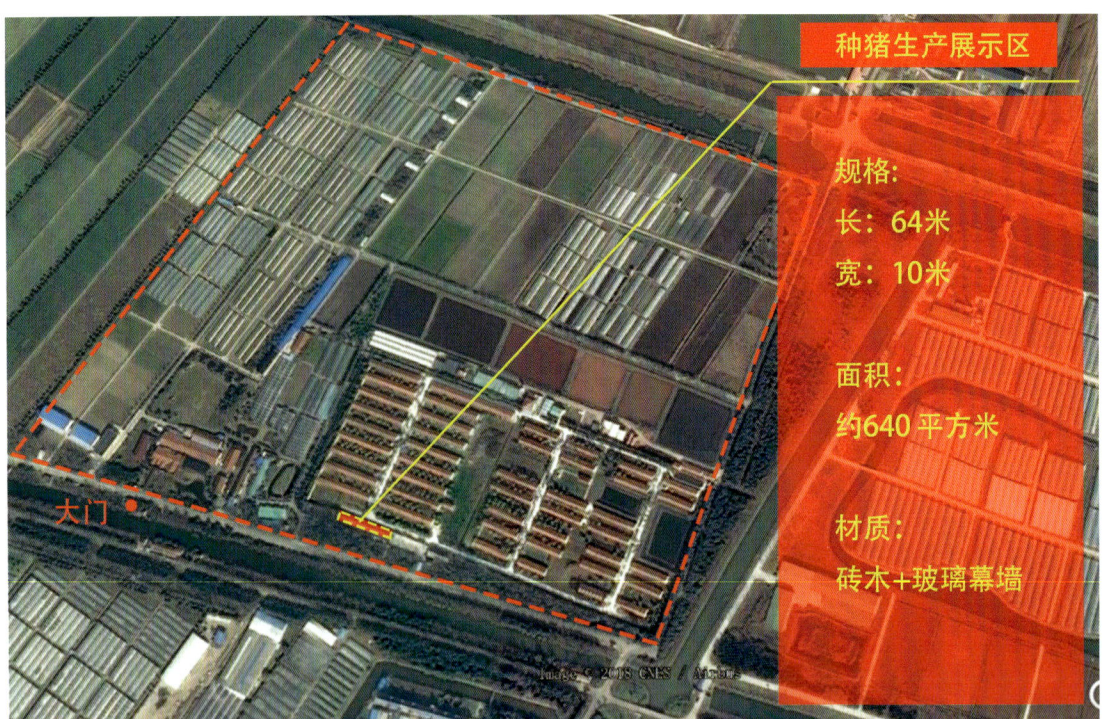

种猪生产展示区

规格：
长：64米
宽：10米

面积：
约640平方米

材质：
砖木+玻璃幕墙

大门

种猪生产展示区位置

展示区实景

刚出生的小猪

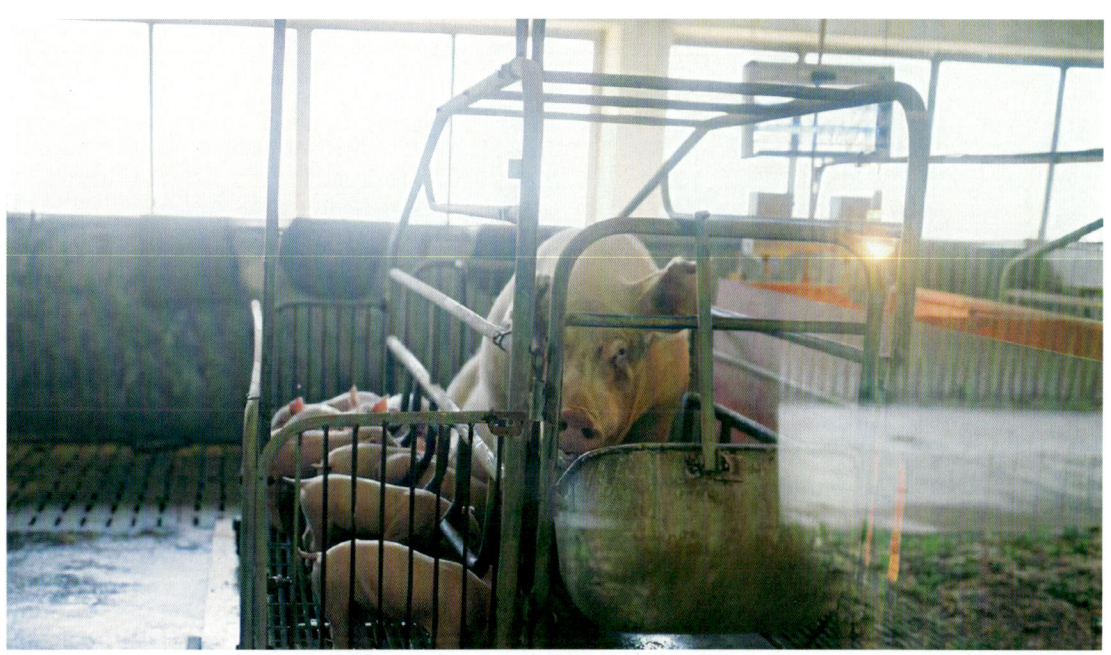

小猪吃奶现场

生长中的猪

种猪生产展示区展示了猪的一生，俗话说"没吃过猪肉还没见过猪跑吗？"，实际上城里长大的孩子未见得都见过猪跑，更不要说不同阶段的猪的状态了。这个仅600平方米的展示区内，会给客人普及养殖、抗生素、生长周期等知识，也让客人更深地了解了泰生农场的生态种养模式。

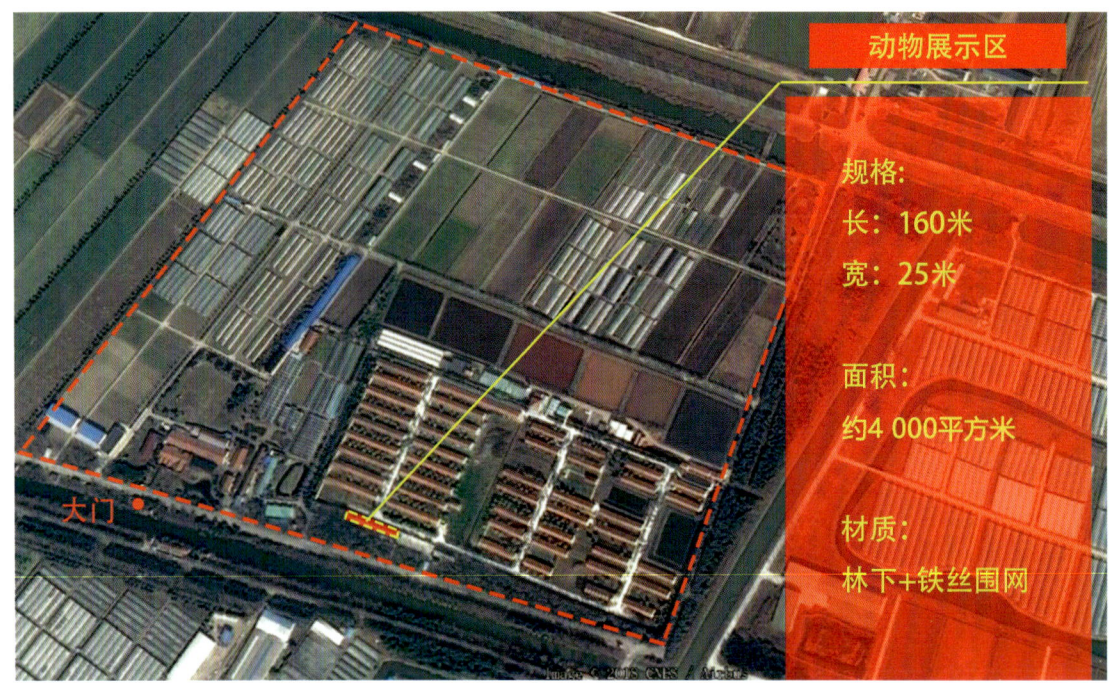

动物展示区

规格:

长:160米

宽:25米

面积:

约4 000平方米

材质:

林下+铁丝围网

动物展示区位置

供游客喂养的兔子

跟人走的散养鸡

　　动物展示区的功能类似于"小小动物园",有兔子、羊、鸡等,但大规模养殖并不在这里。展示区的作用很大:**一方面可供游客游玩,另一方面通过这个展示区做"客户教育"**。例如鸡,这里散养的鸡有一项特殊技能"跟人走",当有游客从外边走过时,鸡会在笼子里跟人走的方向走,互动感很好,因为经常有客人喂它,所以形成了这种"跟人"的习惯。而通过这样的互动,客人知道了泰生农场的鸡是林下散养、吃粮食、身体好的鸡。

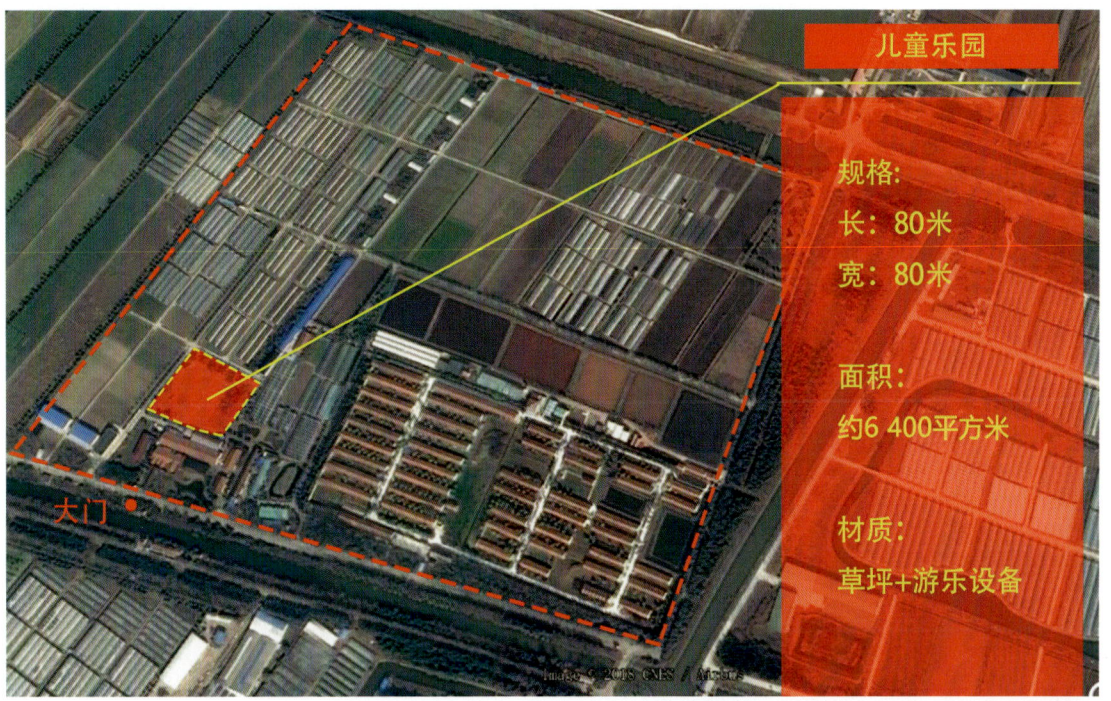

儿童乐园位置

儿童乐园中玩耍的孩子

儿童乐园的设施

儿童乐园主要以无动力游乐设备为主,其余大部分是草坪。这里也是户外活动的主要区域。

农场里做的一天亲子活动,经常把其中一段时间放在这里,受到小朋友的喜欢。一天的活动有农场自己搞的,例如"一日泰生小农夫活动",也有一些国际学校等机构组织的活动,此时农场只是作为场地提供方。谁策划的活动不重要,重要的是儿童乐园可以消耗掉一部分时间,成为亲子家庭和机构选择泰生的一个理由。

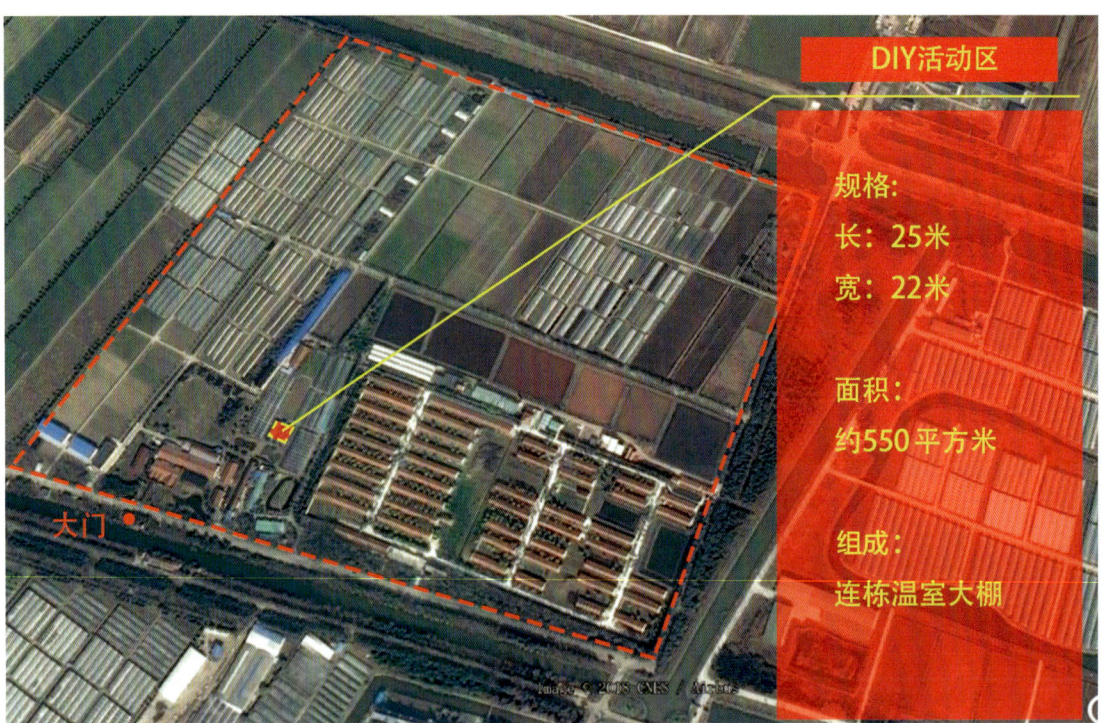

DIY 活动区位置

DIY 活动区轮廓

DIY 活动区内的迷你高尔夫球场

DIY 活动区内部实景

DIY 活动区内的乒乓球桌

虽然名字叫 DIY 手工区，实际上 DIY 的活动场地只占到很小的一部分，其余大部分区域是迷你高尔夫场和一个乒乓球运动场。

DIY 活动场地可以一场多用，内容可以很丰富，例如，做香草、画风筝等。

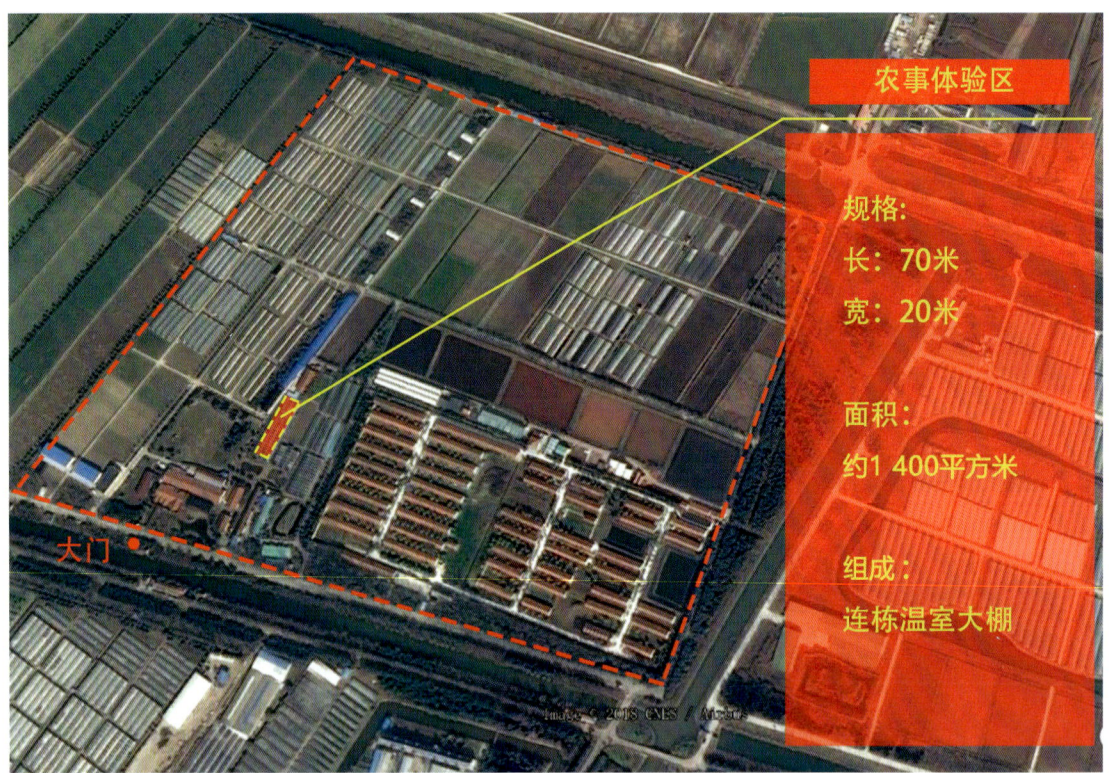

农事体验区

规格：
长：70米
宽：20米

面积：
约1 400平方米

组成：
连栋温室大棚

大门

农事体验区位置

农事体验区实景

农事体验区占地面积1 400平方米，春种、夏长、秋收、冬藏，每个季节有每个季节独有的农事活动，让游客以"小农夫"的身份参与进来，或种或收，体验农事，感受自然。

园区内遍布的杀虫灯

诱虫器

农场采用有机种植方式，不打农药，不用化肥，所以虫子就需要用生物防治的方式进行，杀虫灯、粘蝇板等这些设备是其中一项"看得见"的有机。

休耕的地块种上了绿肥

农场采用轮休的方式耕种,种完一年,第二年就种上绿肥,一般是种植豆子,不采收,用这种方式养地。

生产方面的细节还有很多,像不打除草剂而用黑地膜来防止杂草,垄沟上种植驱虫的迷迭香、薄荷、香草等。

养殖区和种植区中间的喷雾设备

在休闲观光方面的细节也很多,图中的喷雾是猪场和游步道中间的喷雾设备喷出来的。在很多人的印象里,养猪场的气味是很难闻的,事实也确实如此。而泰生农场为改善游客的感官,装备了喷雾设备,因为喷雾本身就有吸附气味的作用,再加上喷雾中加上迷迭香,这样会大有改观。农场种植香樟树也是这个目的。

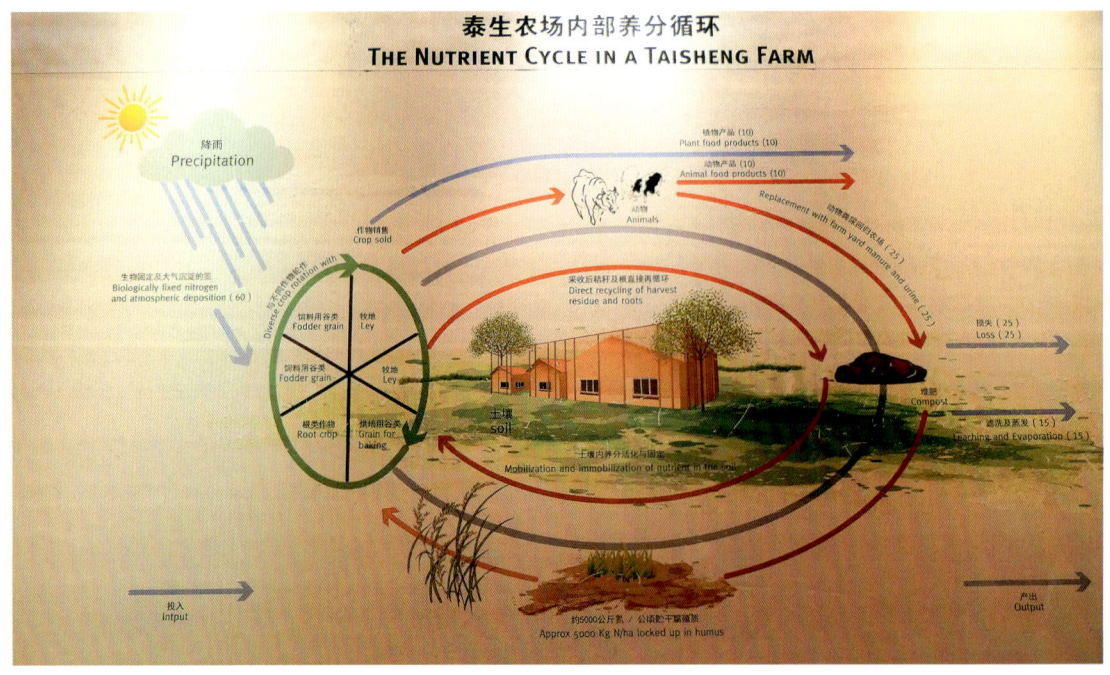

农场内部养分循环的科普展示牌

园区养殖中粪尿处理过程的科普展示牌

引导购买当地食品的科普牌

  农场还设置了很多有意思的科普牌子，讲讲有机小知识。例如，堆肥并不臭，臭是因为没有发酵好，真正的有机肥并不臭。再如，在很多人意识里蜘蛛是不好的，而实际上蜘蛛可以吃掉一些害虫，不仅是蜘蛛，很多昆虫看起来很丑很怪，但对于农业生产是有帮助的。

二、模式分析

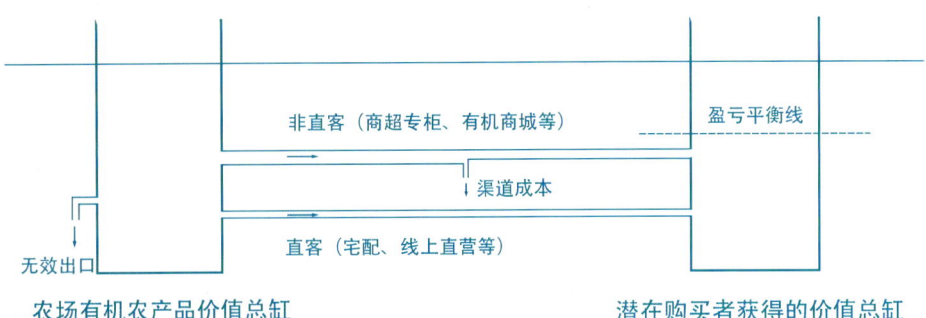

有机农产品价值流通示意图

"种出容易,卖出去难",这是很多有机农业不赚钱的原因——没有"有效出口"。

蔬菜批发市场虽然能短时间消化大量农产品,但那都是批价格,恨不得搓堆卖。肯定不是有机农产品的有效出口。

什么是有效出口呢?大型商超的有机专柜算一个,那里蔬菜品相好、价格高,也有一批人有从那里购买有机蔬菜的习惯。像这样的出口,泰生农场和上海大润发、佳思多都有合作。

那么问题来了,你在人家超市,用人家的客户资源卖货,那不得割一块肉给人家嘛?在这个有机蔬菜多有效出口少的市场环境里,怕是种菜养猪的只能喝汤,卖猪的却吃猪肉了吧?

所以,农场要想尽一切办法开发直客,那就会省去渠道费,省下的全是利润。

像图中显示出来的一样,你农场的有机农产品正常价出售值1 000万元,但是,如果一开始没有直客,被渠道分去一大分部,甚至在蔬菜批发市场上搓堆卖了,那省下的钱绝对在盈亏平衡线以下。

随着时间的推移,你不在蔬菜批发市场上搓堆卖了,通过商超合作消化掉了,那你也只是刚达到盈亏平衡线,渠道为王的时代,商超是不希望看到你生产方盈利的。

最后,你发现必须得建立自己的直客了,不管是利用旅游接待转化出的直客,还是建立宅配,还是在高档社区建立门店等,因为只有直客的数量到一定程度,才可以实现盈利。

但是渠道和直客都很有必要,就像泰生农场一样,在宅配客户不能及时消化产品时,就可以选择大型商超的有机专柜;而直客这个利润最高,所以,他们一边与渠道合作,一边不断地开发自己的直客，泰生农场会花如此大精力来改造园区，在上海一些高端小区做地推活动，周末把他们募集到农场来体验等，都是为了增加有效出口。

2018年，泰生农场的宅配客户超过2 000家，有机种植板块正式进入盈利阶段。

所以，我们在有机农业之中，心里要装下这个底层模型，有意识地建立直客这个最有效的出口。

这里有一点需要着重强调一下。直客的开发是需要一个积累的过程的，是需要时间的，可能是3年，可能是5年，还可能是8年、10年。总之会有那么一段不盈利的时间，能不能在这段时间找到其他盈利支撑是有机之路能否走通的关键，泰生在2017年之前选择用养殖板块补贴有机种植板块，2017年之后选择用农业搞旅游，创造附加值，旅游收入补贴农业亏损的同时还为有机种植板块导流。这是值得思考和借鉴的。

最后，旅游接待的品质直接影响直客转化效率。泰生农场的服务非常好，可以作为他们农产品的一个信任背书。

我来讲两个细节，上次我带着60多位农旅投资人去泰生农场，其中有两位老板是清真，我提前并不知情，快到中午就餐的时候才得到这个反馈，正当我着急的时候，负责接待李霞说她来解决，结果把肉类的挑出去，又添加了一些其他东西。

还有一个细节，我们当时给投资人定的餐标是158元的有机小火锅。去之前，泰生主动告诉我们有员工餐，记不太清了，餐标大概30元。作为组织者，没时间细细品味有机火锅，吃一顿可口的员工餐才是完美。**事虽不大，但并不是所有商家都肯这么为顾客着想。**

以上两个事情并不大，但是处理得很温馨，让我们感受到了泰生的品质，而这个品质感让我在众多有机农产品里毫不犹豫地选择泰生。

泰生农场还建立了线上商城，扫描旁边的二维码，关注公众号"农未来"，直接回复：**泰生农场**，就可以看到了。从线上商城可以看到农产品的定价，售卖方式等。

前小桔创意农场

360 亩地，年营业额千万元，目标 5 个亿，一片橘林改造而成的项目

前小桔创意农场是从一片 360 亩的橘林改造而成的休闲农场。

改造升级为这个传统农场带来了希望，同时，增加的投入资金也对农场的营业收入提出了更高的要求，好在农场有自己清晰的盈利规划"三级火箭"，联合创始人颜总告诉我，他们也正按自己的计划开展。现在每年营业额 1 200 万元左右，约 400 万元利润。

不盈利的生产型项目实在太多了，果园、采摘园、蔬菜种植基地、养殖场……前小桔模式为很多传统的生产型农场的转型升级做出了很好的表率，希望可以借助前小桔的案例给大家以启示。

学习前小桔模式最重要的是学习他们的"三级火箭"，即前小桔的昨天、今天和明天，然后从他们的发展轨迹中找到适合我们自己未来发展的方向和线索，这一点对企业的成败特别关键。

前小桔创意农场标志牌

一、前小桔的昨天：传统果园

转型前的橘林

前小桔创意农场的前身是"前卫实业公司"，是一个橘子种植基地，位于上海的长兴岛上。它出现于 20 世纪 50—60 年代，没落于 70—80 年代，是一个时代的缩影。

在 20 世纪 50 年代，上海市民没有水果吃，市政府建议农场种水果。农场尝试了很多品类，例如苹果、葡萄、橘子等，最后发现一个叫宫川的橘子品种可以勉强种植，宫川是一个日本品种。现在宫川多出现在浙江，而上海属于偏北的区域，实际上种出来的口味一般，但是为了吃水果还是种了，最后还带动了崇明岛、长兴岛、横沙岛开始种植，最顶峰的时候有 16 万亩柑橘。

可是，到了 20 世纪 70—80 年代，随着物流业的发展，外地水果开始出现在了上海，而且口感较好，相比之下本地柑橘太难吃了，柑橘产业就此没落了。老百姓大量砍伐柑橘，截至目前只剩余大概 7 万亩。

这就是前小桔的昨天——一个面积 360 亩，年产量 100 万千克的柑橘生产基地。不考虑损耗，不考虑滞销，正常走批发市场，年产值不过百万元。

这一点和很多地区是一样的，早些年，引进了一些品种一般的果树苗，苹果、梨、枣树、荔枝、葡萄等。在那个物质不丰富的年代，这些水果曾改善了那个时代相当一批人的生活，但是随着时代的发展，这些传统果园的果品渐渐不受市场欢迎，几十年的果树或被砍掉，或被放弃，效益也远远不如从前。那是不是这些果园只有被淘汰的份呢？我们来看看前小桔的做法吧。

二、前小桔的今天：亲子主题的休闲农场

转型后的农场兼具休闲功能

360亩土地，其中160亩做亲子旅游区、大概200亩做柑橘的科技种植示范区，打造成一个前卫时尚的休闲农场。

前小桔创意农场是一个以80/90后为主要客户群的亲子主题农庄。 因为70后虽然有消费能力，但是骨子里有节省的习惯，00后还没有形成足够的消费能力，而80/90后逐渐成为消费主力，既有一定的社会地位，也有消费的意愿，特别是有孩子的家庭。所以前小桔把客户定位为有孩子的80/90后家庭。

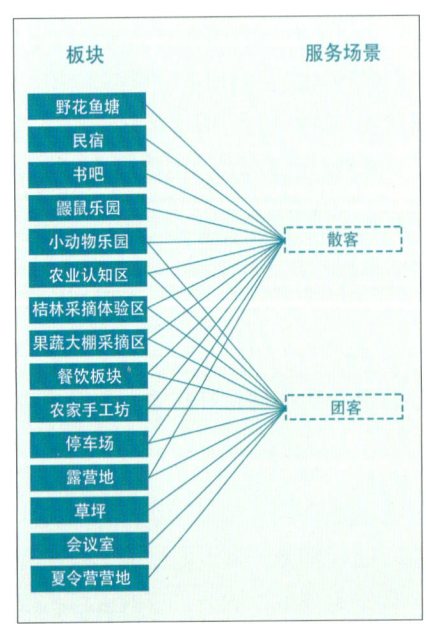

板块及对应客群

这些亲子家庭来农场有两种场景：**散客和团客**。散客比较好理解，例如，周末自驾来城市周边休闲一下，陪陪家人，哄哄孩子，一家人吃个惬意的农家饭。这里值得重点关注的是团客部分，现在遍地的幼儿园、教育机构、学校等，有孩子的家庭难免会被这些机构组织起来做一些出游活动，从前小桔的运营数据来看，这个客户群非常之大，不容小觑。所以，前小桔针对这两个主要场景规划设计自己的农庄。下边分别讲解。

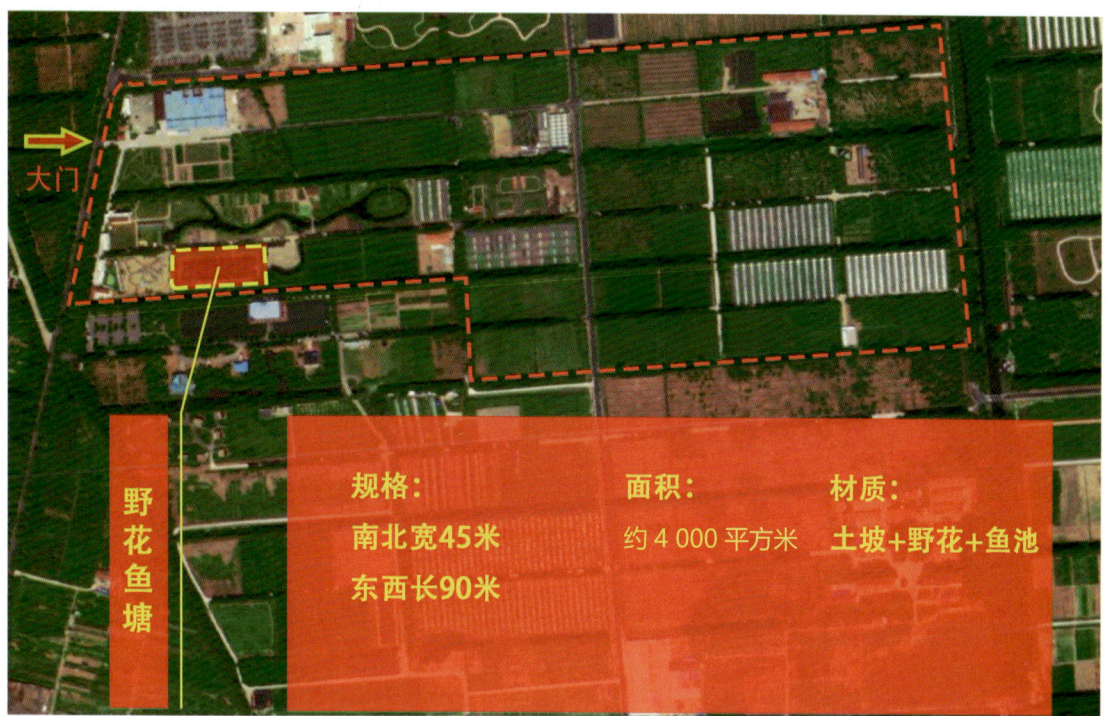

大门
野花鱼塘
规格：
南北宽45米
东西长90米
面积：
约4 000平方米
材质：
土坡+野花+鱼池

野花鱼塘位置

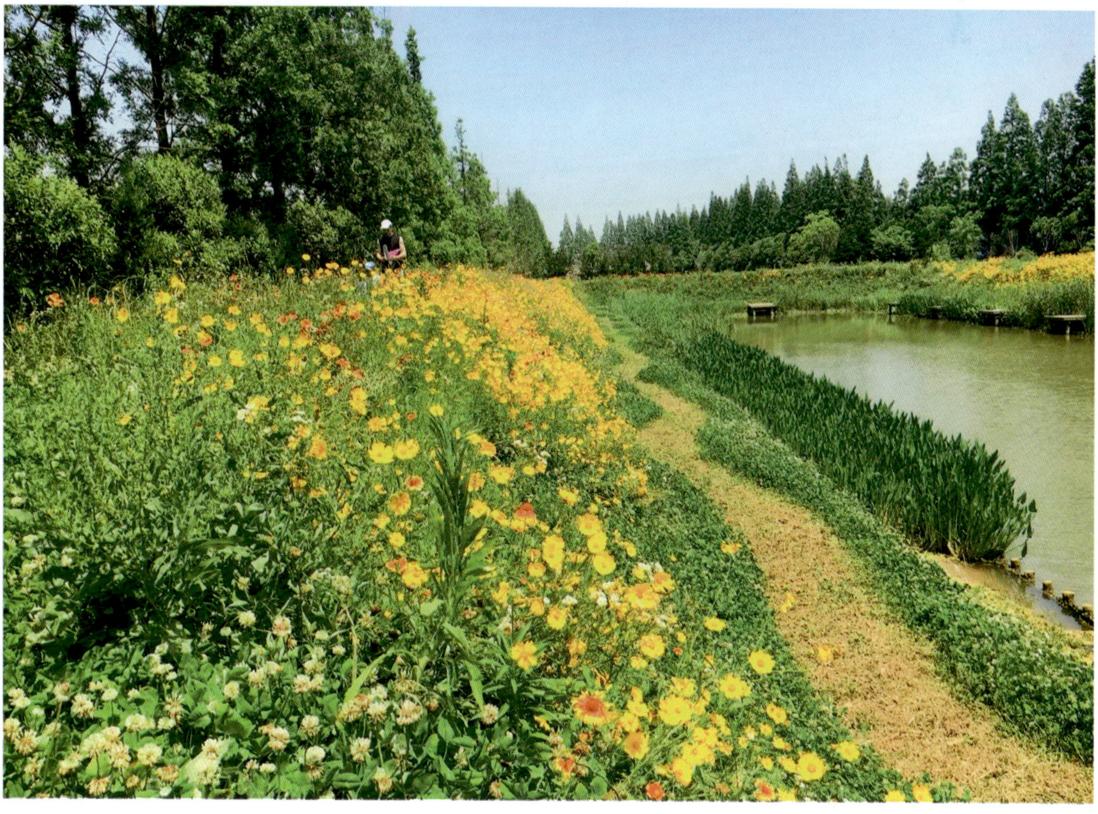

野花鱼塘轮廓

鱼塘周围种植的野花

钓台

　　野花鱼塘的功能是垂钓。叫"野花鱼塘"是因为它模拟了自然的垂钓环境，四周是缓缓地土坡围成一个相对独立的环境，缓坡上种植有各种野花，不同季节有不同花开。

　　买门票进来就可以钓鱼，工具需要自备，钓到鱼再收费。

民宿板块位置

民宿外观实景

双层独栋的民宿

民宿是在原有粮仓内改建而来的，共18个房间，携程网上房间价格从356~447元/间不等。

周末和节假日的入住率高，工作日入住率略低。

农场在规划阶段还规划了另外一块地作为酒店，不过因为指标问题和用地管制严格，并没有实施这个计划。

农场在2018年推出20 000元的会员卡，其中一项是送房券5张，可以在周一到周四入住。以此来提高工作日住宿的入住率。

民宿内部

民宿双人标间

民宿大床房间

大门
书吧
规格：
南北宽12米
东西长25米
面积：
约300平方米
材质：
砖木

书吧位置

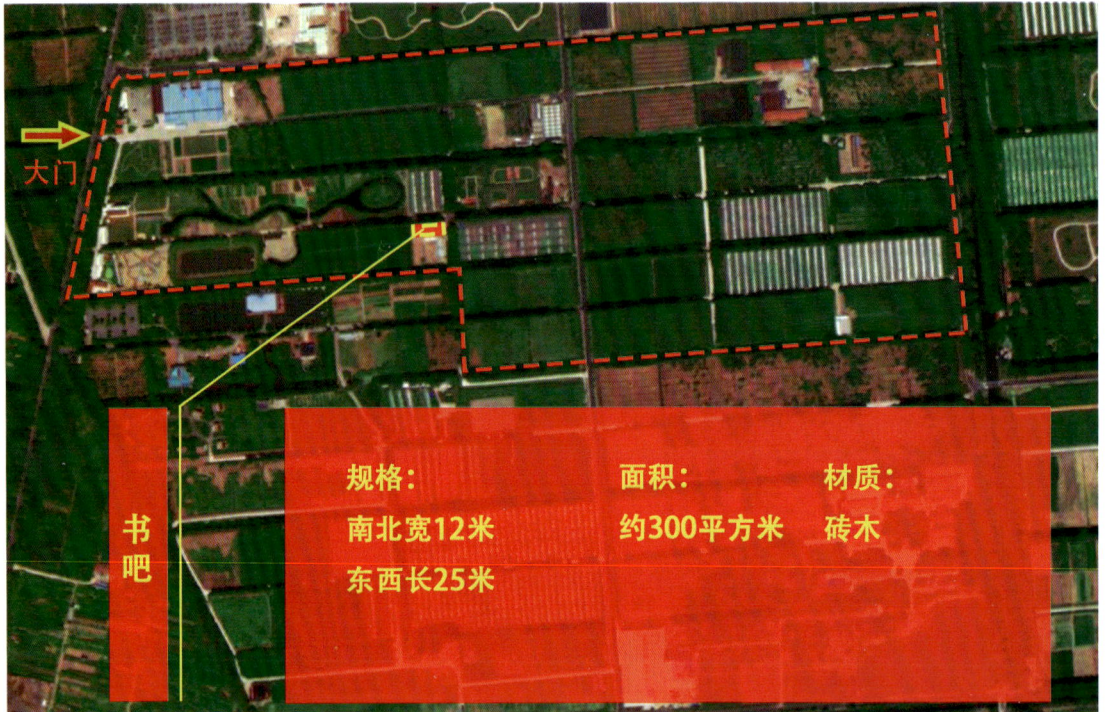

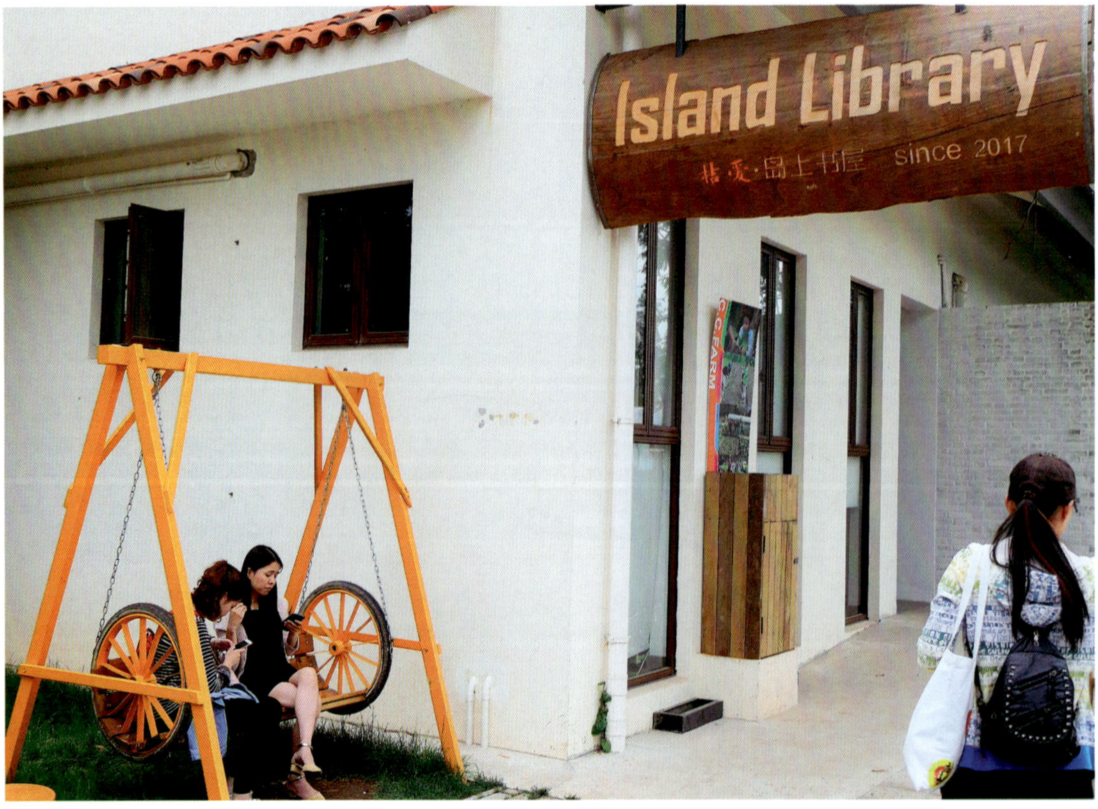
Island Library
since 2017

书吧外观实景

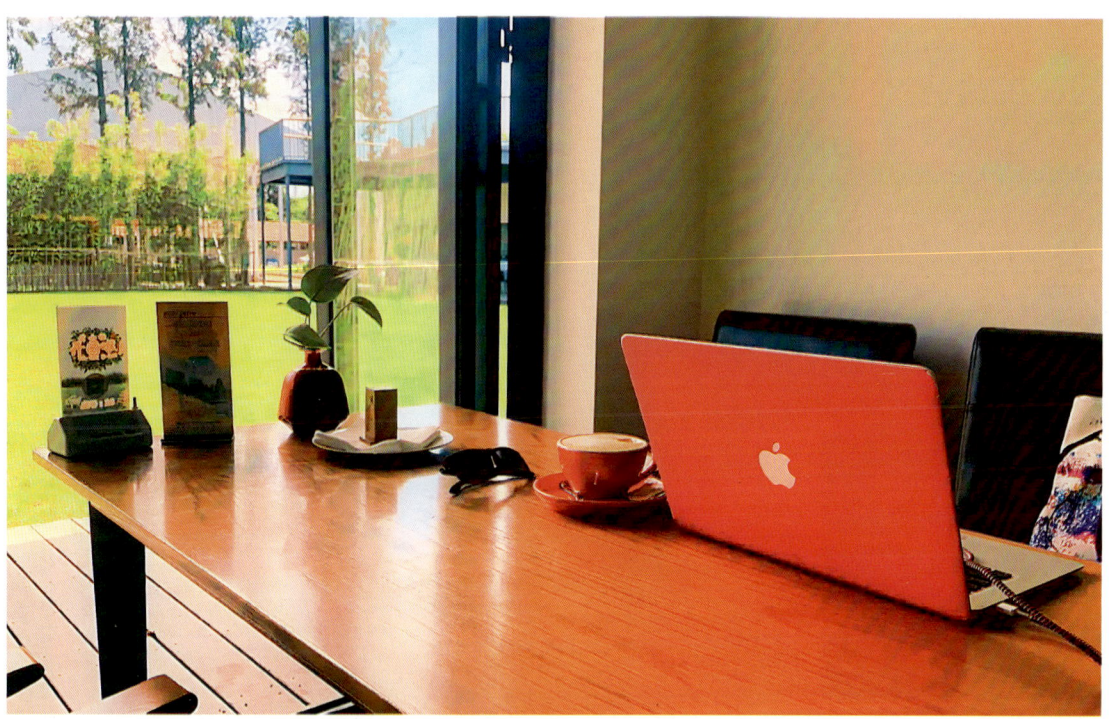

书吧内部阅读区

书吧内部书架

书吧里的书可以免费取阅，小朋友在外边玩，大人在书吧里安静地看看书，上上网，喝杯饮料。

值得说的一点是，前小桔30元门票中含有0.5千克水果和一杯饮料的费用，其中喝饮料的场景和这个板块很搭。

鼹鼠花园位置

鼹鼠花园实景

鼹鼠花园的玩沙区

鼹鼠花园实景

鼹鼠花园由土丘、沙池、小玩具组成，是小朋友的乐园，小朋友钻来钻去。

鼹鼠花园单独收费，30元/人，也可用门票直接抵用，只是门票就不可以兑换蔬菜和饮料了。

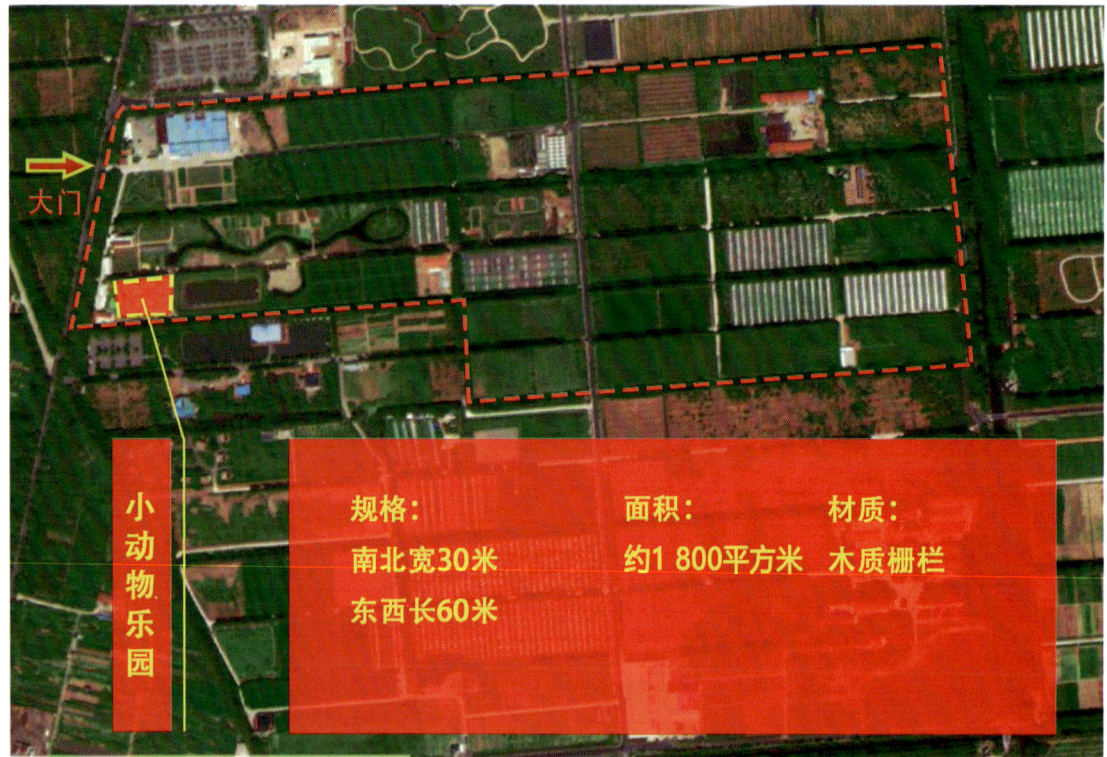

小动物乐园位置

小动物乐园指示牌

鸡、鹅

猪

羊

  小动物乐园是供小朋友喂食体验的，入园的游客都可以免费喂食，羊、猪、鸡、鸭、鹅、驴等，都是一些常见的动物。

  小动物乐园几乎是儿童产业的标配，3~6岁的小朋友看到小动物就走不动。不仅是散客，团队客户来这里也必来体验这个项目。

农业认知区(迷你果园 / 五谷园 / 四季舞台)

这 3 个板块的主要功能是农业认知,分别呈现农业最常见的三块内容:蔬菜、水果、五谷。

迷你果园

占地面积约 1 600 平方米,通过这个认知果园内植物,体验桑叶养蚕、桑葚采摘等。

四季舞台

　　这个占地面积只有 144 平方米的"九宫格"是以时下最流行的朴门永续为主线的自然认识区域，每个格上种植一种蔬菜，配有标识牌介绍。

五谷园

　　占地面积 2 200 平方米，中间一块 1 亩的草坪，草坪周围种植五谷（稻、黍、稷、麦、菽），可以来做农业认知体验，中间的草坪也可以开展团队活动，例如，让小朋友从感官上知道 1 亩地究竟有多大。

　　农场会不定期做一些亲子活动，经常把这些农业元素设计进来，例如，领队让孩子们找齐 5 种指定的农作物，找到之后由家长拍照发到群里，集齐之后有相应的奖励，以此来增加农业科普的趣味性。

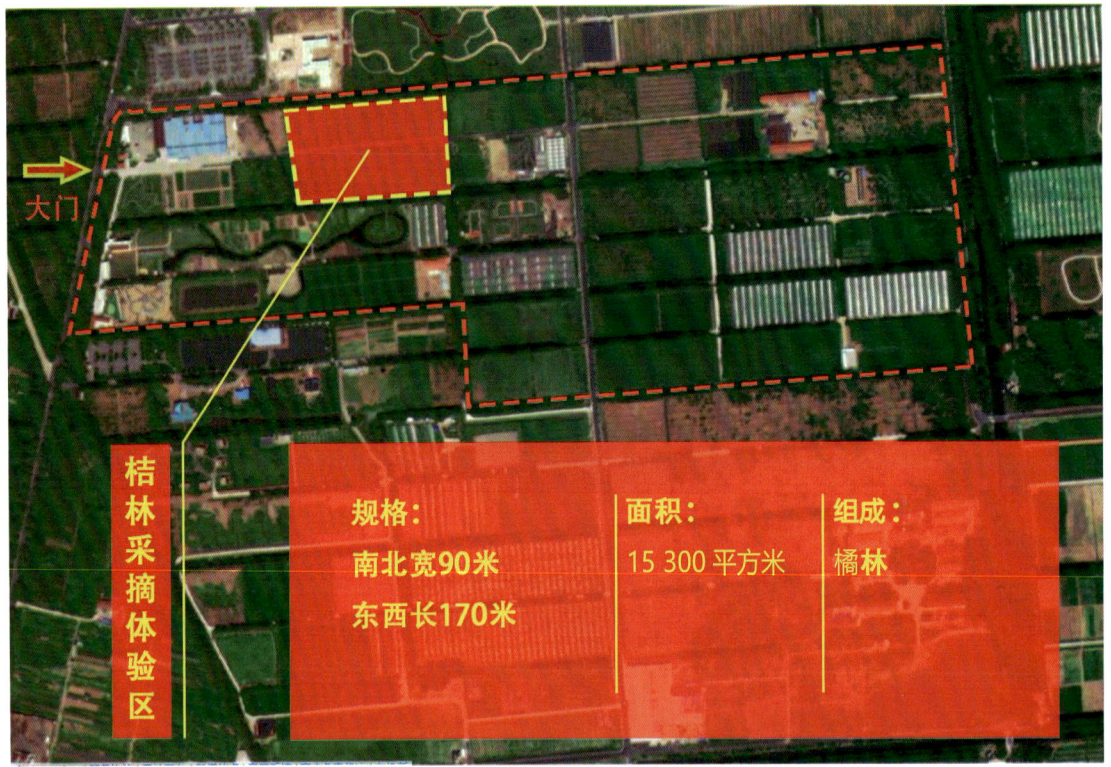

橘林采摘体验区位置

供采摘的橘林

利用原有橘林搞采摘,这也是农业转型休闲农场最容易的部分。

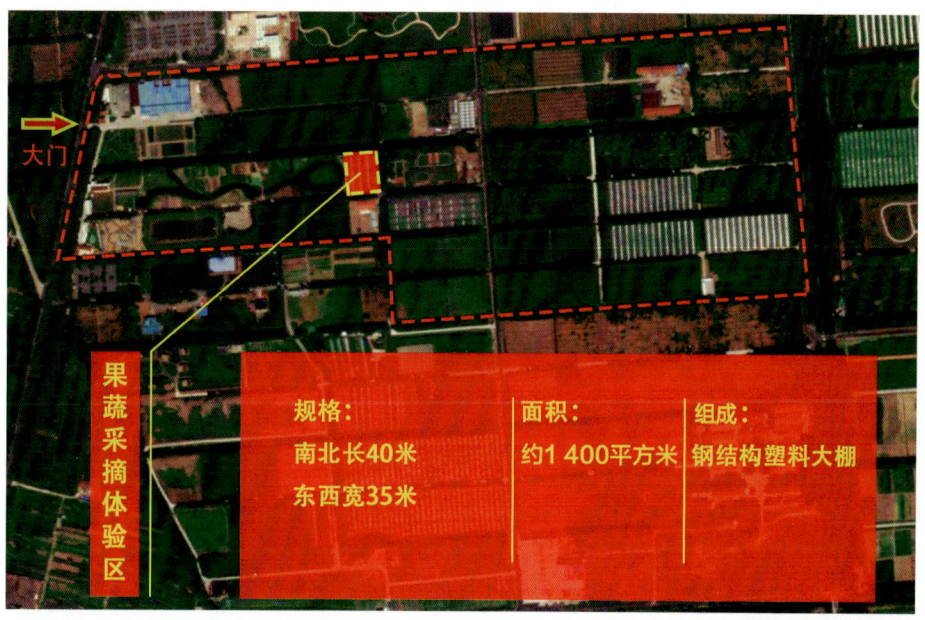

果蔬大棚采摘区位置

大棚轮廓　　　　　　　　　　　　大棚内部

棚内蔬菜

棚内果菜

即使考虑到早、中、晚熟，柑橘成熟季也不过3~4个月，为了补充其他季节的采摘，大棚种植区被设计进来。

柑橘之后有草莓，可以持续到4月；再往后是五彩小番茄，供应到8—9月；中间空一个月之后再是柑橘。

农场区别于其他消费场所就是"农"，所以采摘是一个很重要的场景，不仅散客喜欢，很多公司团建活动、幼儿园一日游等，都喜欢把采摘设计进去。然而，单一农产品很难做到全年都有，为了拉长运营周期，因地制宜的种植一些其他果蔬也是很有必要的。

餐饮板块位置

两层的餐厅

餐厅前台

色香味兼具的美食

二楼就餐区

色香味兼具的美食

  前小桔的第一个餐厅面积并不大，两层，有着比较好的就餐环境。是在原有建筑基础上"原拆原建"得来的。

  吃过前小桔的餐，整体感觉还是比较好的。

  这里要说一点，大家以后尽量避免。前小桔的创始团队跨界而来，一开始并不十分了解农业用地政策，在没有报备的情况下就进行餐厅的改造，结果一开工各部门都来了，计划延迟好几个月。**农业是个政策性行业，特别是休闲农业，涉及的业务比较复杂。然而，用地、环保等各种管控比较严格，所以项目建设前要和政府部门多沟通，多报备。**

十八灶

十八灶旁边的简易就餐区

餐饮的第二个部分叫"十八灶"。18个大锅菜在锅里等着,谁吃什么提前买牌子,排队购买,买完到旁边的简易餐饮棚就餐。

看着是不是很有文化,也很有乡味呀?实际上是被逼出来的。前小桔位于二级水源保护区,想要开展正规的餐饮比较难,然而,餐饮是农庄的标配,没有足够的餐饮就没法正常开展业务。于是,前小桔想出了"十八灶+简易就餐棚"的办法。结果不仅解决了就餐的问题,还显得很有文化,游客偶尔过来体验一次觉得还挺舒服。

烧烤区

这里鼓励爸爸烧烤

餐饮的第三种形态"烧烤",适合团队集体烧烤,也适合一家亲朋聚会。当天晚上我们住在前小桔,正好有人在这里烧烤、篝火、K 歌,很有氛围。

烧烤区有大半部分被水包围,所以是一个半封闭的环境,也适合帐篷露营。

整个餐饮板块是农庄的一把"尺子",直接量出农庄每天的最高接待量。例如,前小桔共 3 个餐饮板块,能容纳 400 人同时就餐,翻三次台是极限,所以,理论上农庄最多可以接待 1 200 人。当然,农庄也有接待过比这个更多的,只是顾客感受会稍打折扣。

农家手工坊

手工坊内部

手工皂 DIY

客人正在进行永生花的制作

  农家手工坊是做手工课的地方，位于桔享书院一层，共 3 个房间，每个房间大概 60 平方米。平时这里会开展一些 DIY 活动，例如永生花制作、手工皂 DIY 等。

大门
露营地
规格：
南北宽48米
东西长84米
面积：
约4 000平方米
组成：
草坪

露营地位置

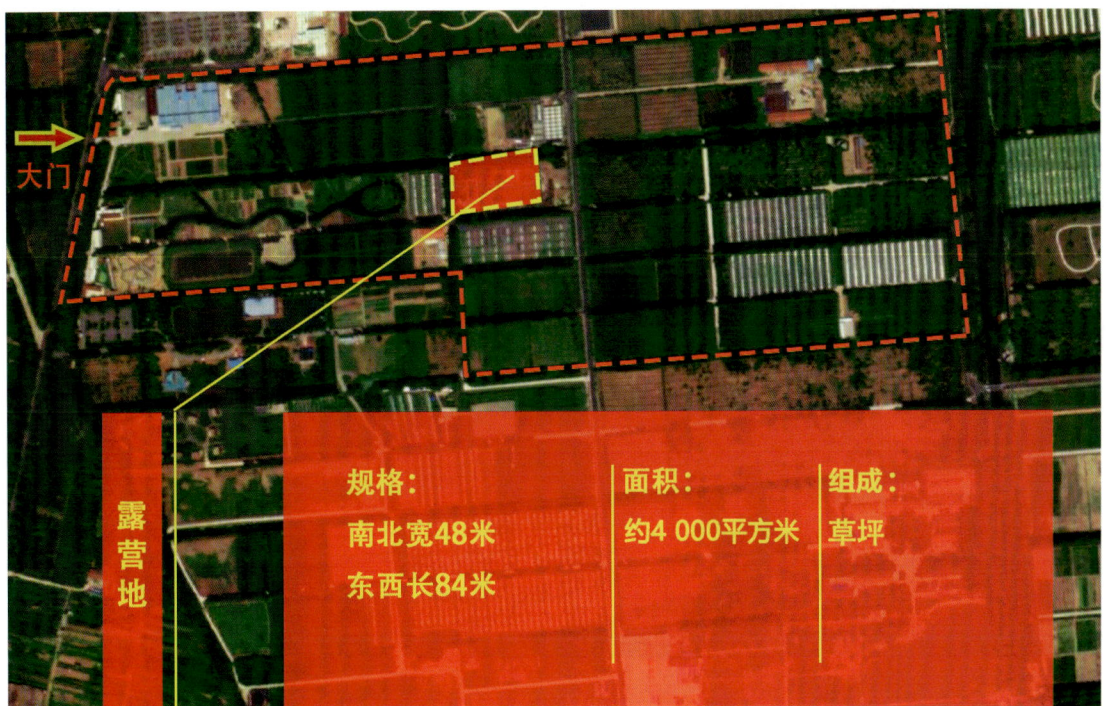

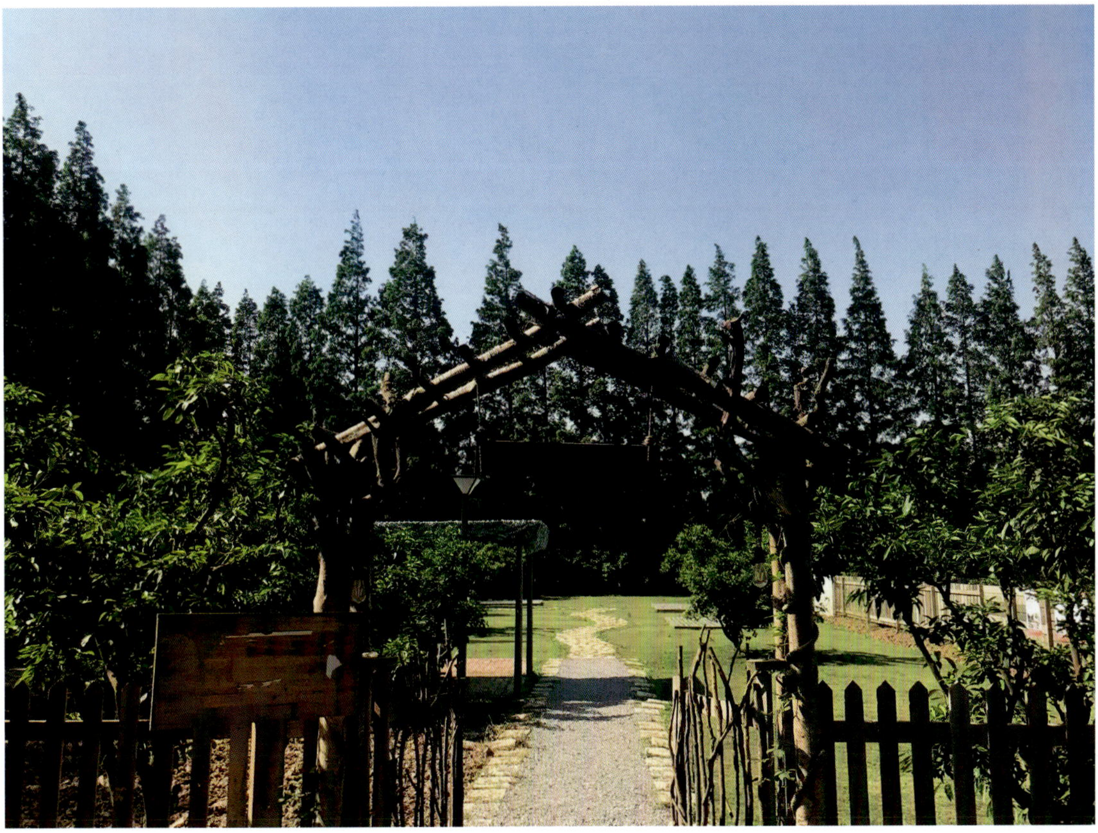

露营地实景

露营平台

露营地草坪

露营地是住宿板块的一个延伸。园区规划有自己的橘林酒店，由于指标问题没有实施，为了解决过夜问题，前小桔规划有露营地。

在露营这个业务上，前小桔更多的是一个场地提供方的角色，不提供帐篷，只提供营位，收费50元/人。

露营地距离桔享书院很近，可以提供冲洗、卫生间等服务。

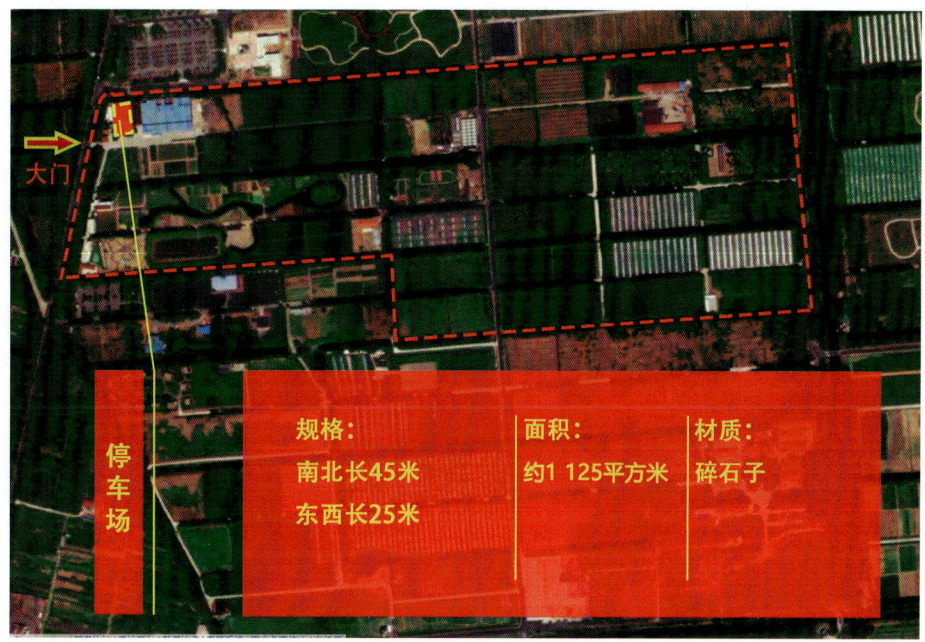

停车场位置

停车场位于大门入口处，是碎石子铺成的，面积也并不大，收费5元/小时。

当然，有一点需要说明一下，对于一个团散都接的园区，这么大面积的停车场肯定是不够的，不过园区北侧紧临郊野公园停车场，而那是个足足8 000多平方米的停车场。

五块草坪的位置

163

其中一块草坪实景

草坪上的运动会

草坪上的亲子活动

　　草坪在前小桔有很多片，其中有 5 片草坪主要用来做活动，从 300~4 000 平方米不等。主要承担户外体验，例如亲子运动会、互动游戏等会在这里举行。

　　分成好多片草坪，一方面可以美化不同区域的环境，有草坪的地方总让人觉得很舒服；另一方面也减少了不同体验团队之间被打扰的可能，毕竟农场同一时间可能接待多个团体。

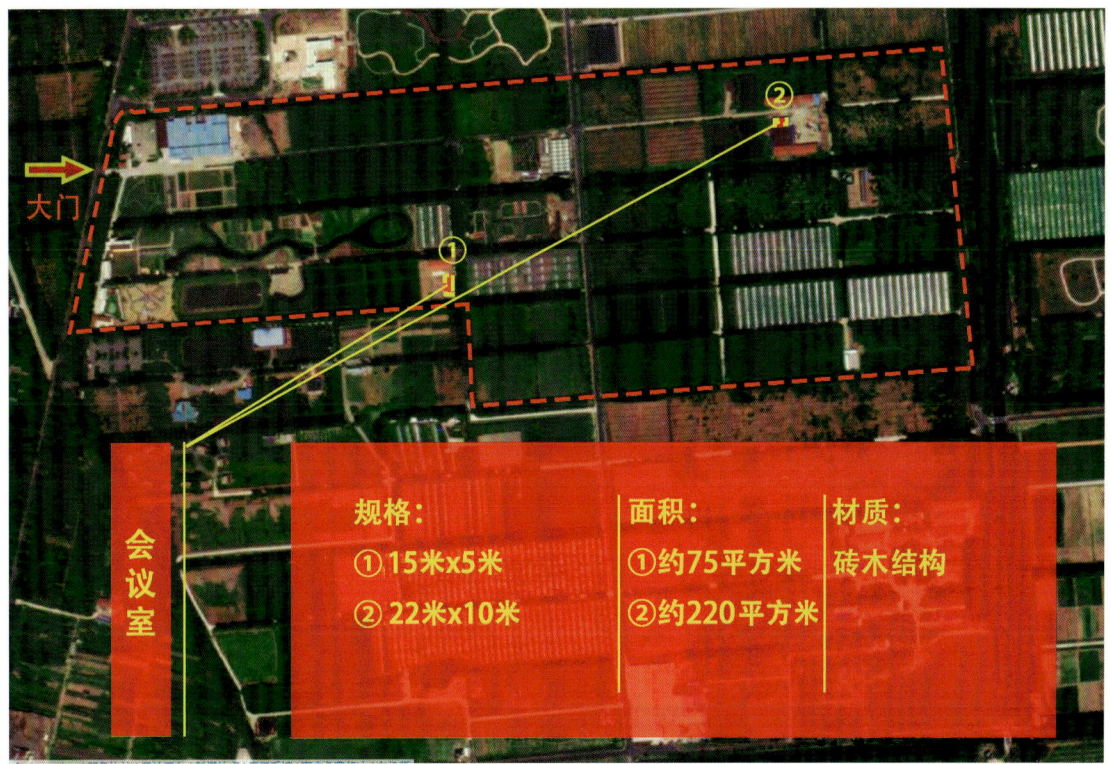

规格：
① 15米x5米
② 22米x10米

面积：
① 约75平方米
② 约220平方米

材质：
砖木结构

2个会议室的位置

大会议室实景

小会议室实景

园区有大小2个会议室，都是多功能的，例如，第一个会议室也是KTV，里面的音响设备可以满足K歌需求，同时也可以承接小型的研讨会。大一点的会议室在营地里面，除了做会议之外还可以当作DIY教室用。

有了会议室，园区就可以承接田园会议、培训、研讨会、年会等业务，同时带动园区的餐饮和住宿。

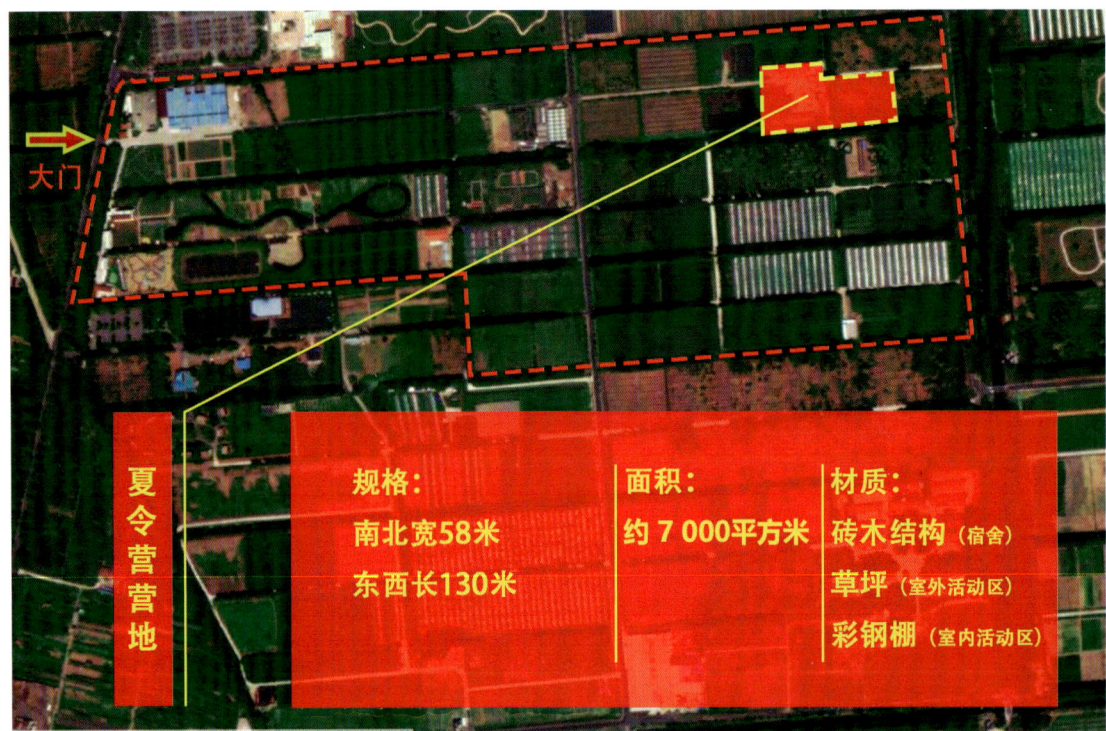

夏令营营地位置

夏令营营地主要三部分组成：宿舍、室外活动空间、室内活动空间。

夏令营营地入口处

夏令营营地宿舍

宿舍内部实景

营地宿舍可住 5~7 人，可同时容纳大约 100 人入住。营地对外收费 98 元 / 床位，不过，主要面向夏令营团队。

营地的室外活动空间

这是一块占地面积约 2 600 平方米的草坪,就在宿舍对面,可做足球场地、活动场地等。

营地的室内活动空间

室内活动场地也很重要，加上会议室与彩钢棚，大概 600 平方米。因为营地活动时间一般是 3 天、5 天、7 天等，不可能每天都在户外活动，也需要一些室内活动，例如，营地经常接一些国际学校的学生，他们对中国的传统文化特别感兴趣，就会把包饺子作为一项体验环节设计进去，这时就用到了室内活动空间。

以上 15 个主要功能区图解完了，那前小桔是如何把这些功能区设计成收费产品的呢？这里举两个例子，也是前小桔在二级火箭中的盈利支撑：**一日游亲子活动和多天的营地产品。**

例如， 前小桔在 2018 年 4 月的时候推出的一日游亲子活动**"踏青"**，活动流程如下：

时间	活动
09:45—10:00	签到集合 / 和橘娃娃合影
10:00—11:00	草地趣味亲子运动会
11:00—11:30	找四叶草 / 兑换动物口粮
11:30—12:00	喂食小动物
12:00—13:30	午餐 / 农场玩耍
13:30—14:30	听故事 / 磨粮食
14:30—15:00	认识春天的蔬果 / 拔萝卜
15:00—15:15	合影留念 / 活动结束

一日游亲子活动的流程图

这个活动收费标准：150 元 / 孩子，120 元 / 成人，不含往返交通和餐费。

整个活动流程下来，需要用到 7 个功能区，草坪、农业认知区、小动物乐园、餐饮板块、农家手工坊、果蔬大棚采摘区、停车场。

这只是一日游产品中的一个缩影，农场还利用现有功能板块开发了水稻收割日、崇明山羊节、泼水节等。这些组成了前小桔的主要产品之一。

再来说一下前小桔的利润率更高的产品：营地产品。例如，2017 年 9 月做的一个两天的营地产品——海岛 CS 亲子露营和初秋爽玩体验。流程如下：

第一天

15:30—16:00 | 订单核销、集合

16:00—17:00 | 搭帐篷

17:30—19:30 | 自助烧烤

19:30—20:30 | DIY 树枝画

20:30—22:00 | 露天电影

22:00—22:30 | 洗漱入睡

第二天

07:00—08:00 | 清晨洗漱

08:00—08:30 | 田园早餐

08:30—10:00 | CS 大战

10:00—10:30 | 整理、搬运行李

10:00 之后 | 自由活动

收费标准：499 元 / 组（1 大 1 小），不含帐篷。

整个流程下来，需要用到 6 个板块：草坪、烧烤区、农家手工坊、图书馆（洗漱功能）、停车场、餐饮板块。

上边这个例子是 2 天营期的，前小桔还组织过 7 天的自然魔法夏令营、7 天的外语营等。

因为冬 / 夏令营一般需要过夜，所以产生多次住宿、餐饮等费用，是一项营业额比较高，利润率也比较高的产品。

理解这一点特别重要——在二级火箭中，农场最盈利的产品不是农产品，而是以农产品为道具和以农场自然环境为场地设计出的一日游亲子活动和多日游的营地产品，并以此来带动农场餐饮、住宿、农产品二次消费、门票，等等，同时为三级火箭积累品牌价值。

二级火箭为前小桔带来了比较好的运营数据，2017 年，总入园人数 5 万人，营业额 1 200 万元，利润率约 30%。颜总告诉我，2018 年预计营业额 2 000 万元。这比一级火箭的收入翻了 20 倍。

三、前小桔的明天：柑橘加工品和衍生品销售平台

前小桔 散养土鸡 750g/只
特价：¥188.00

DIY手工课程体验（永生花制作）大盒
特价：¥90.00

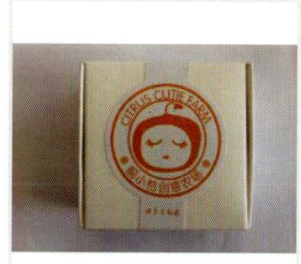
前小桔 花草蜜桔皂 60g
特价：¥28.00

前小桔 香氛蜡片（长型）
特价：¥40.00

前小桔 香氛蜡片（圆形）
特价：¥36.00

前小桔 蜜桔酵素 100ml
特价：¥30.00

线上商城销售的农产品及衍生品

前小桔的目标并不是300亩橘子，也不是每年2 000万元营业额的休闲农业，而是以前小桔为平台，以上海的7万亩柑橘为原料，每年销售额达5个亿的柑橘加工品和衍生品的销售。

颜总给我算了一下，柑橘作为农产品的价值约为4亿元=7万亩×6 000斤×1元/斤；如果只选取其中一小半为原料做成加工品和衍生品，产值约27亿元=3万亩×6 000斤×15元/斤。

当然，第三级火箭是否方向正确，因为没有实践结果，现在不敢多说。但是，**三级火箭的设置无疑打开了农业的天花板，让农业有了更广阔的空间。**

四、模式总结

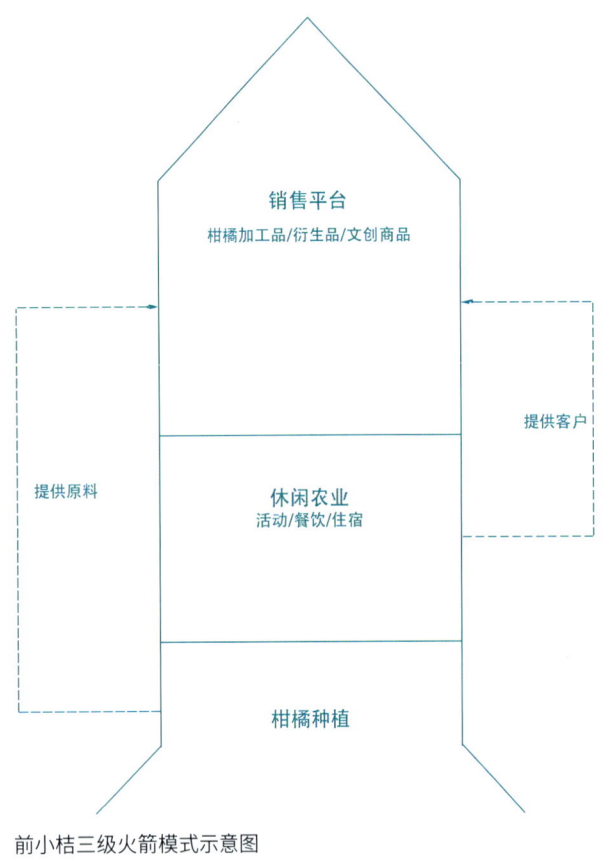

前小桔三级火箭模式示意图

橘子种植、休闲农业、衍生品,分别代表火箭的一节。一级火箭很重要,没有一级火箭就没有农庄这个产业的存在,就没有原料;二级火箭也很关键,通过休闲农业培养出一批忠实客户,让"前小桔"这个品牌真正具有品牌价值;但对于前小桔来说,三级产业是他唯一的出路,下文会再次提到。

作为农业的创业者,我们自己在创业过程中应该如何定位?只满足于一级火箭,还是布局二级火箭,还是三级火箭同开?这要取决你投了多少钱。比如,前小桔前后投资 9 000 万元,如果只靠一级火箭,那 100 年之内没办法回本;这就需要二级火箭,通过休闲业给农庄每年带来 5 万客流,1 200 万元收入,400 万元利润,如果仅靠这个,回本需要 20 年,还不如买理财产品回本快。所以,三级火箭是前小桔唯一的出路(商业退出),好在二级火箭在创造利润的同时也在创造品牌价值,为三级火箭积累忠实客户和储存品牌价值。

前小桔创意农场有 5 个股东,也都是小朋友的爸爸,相信他们 5 位的故事可以帮助你更好的理解前小桔模式,关注**公众号"农未来",回复"前小桔"**就可以看到 5 位爸爸的故事了。

金稼园

230亩地，年接待30万人，一个最懂餐饮的项目

金稼园航拍图

金稼园餐饮板块

　　金稼园是一个以餐饮为主的休闲农庄，占地面积 230 亩，虽处在一个县级市，每年却做出 2 300 万元流水。

　　金稼园始创于 2008 年，起初计划以农业种植为主，餐饮只是个副业。后来，副业逐渐干成主业，持续运营十年之久。

金稼园亲子板块

十年积累,让金稼园在餐饮板块有着成熟的经验,成为休闲农业里的餐饮标杆,通过对金稼园餐饮板块的解读,希望给你一个餐饮方面的参考。

项目平面图

金稼园主要分为三大板块：餐饮板块、农业板块和亲子板块。其中餐饮板块为核心板块也是盈利支撑，农业板块服务于餐饮板块，而亲子板块是 2017 年才开辟的新板块。

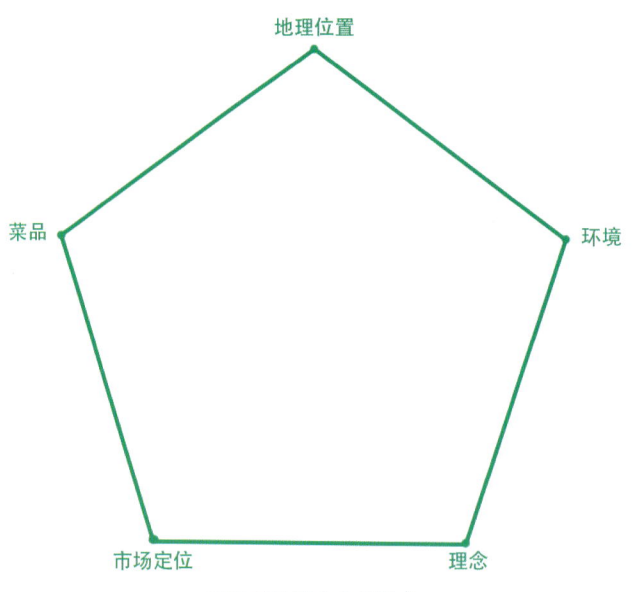

项目成功的 5 个关键点

金稼园能取得这样的成绩，创始人陈威燕总女士把她归结为三方面：地理位置、环境、菜品。另外，我认为在市场定位及理念的打造上也很关键，所以本文将围绕这五点分别展开解析。

一、地理位置

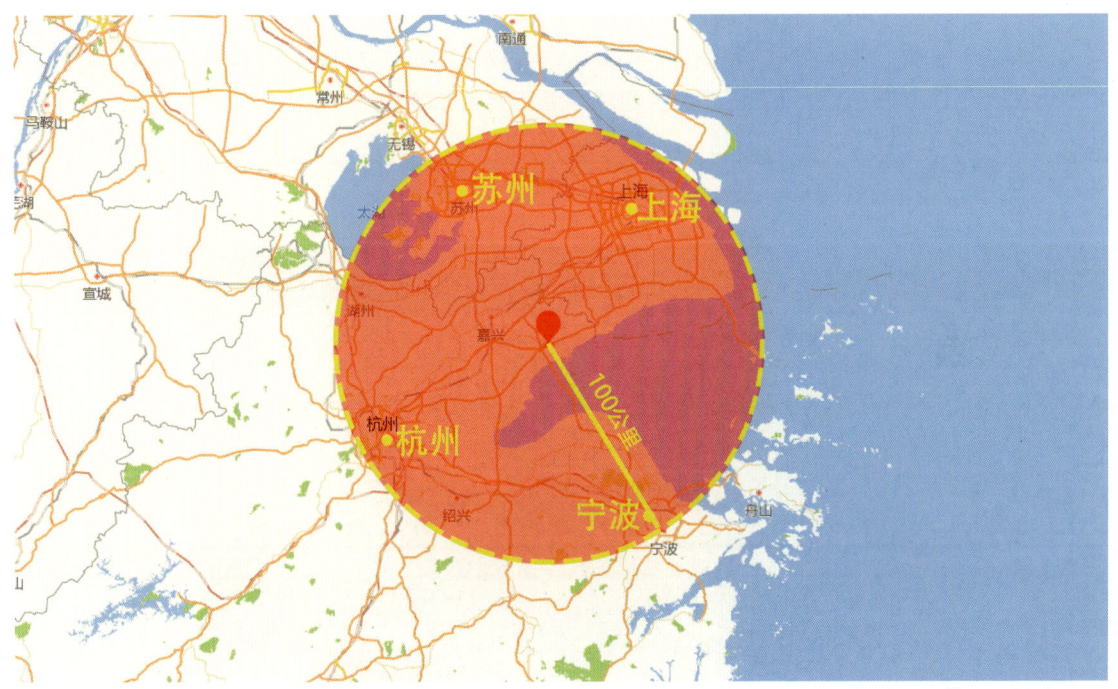

项目位置图

地理位置好主要体现在两方面：一来交通方便，二来可辐射到周边四大城市。

金稼园紧挨着杭浦高速（浙江杭州—上海浦东）的乍浦出口，距离出口仅 5 分钟车程。

项目 1 小时车程可覆盖到上海、苏州、杭州、宁波 4 个城市。特别是上海，因为东边是海，所以周末和节假日出游的人群一般选择往西去；而杭州回上海走杭浦高速会经过这里；宁波回上海也必经这里；苏州也会有一些客户。

运营数据也证明了这一点，平时以本地游客为主，周末、节假日以外地游客为主。**小地方大生意，项目虽坐落于一个人口不足 70 万的县级市，但因交通方便，可以辐射周边大城市，达到一个比较好的运营数据。**

二、环境

环境之于美食,就像衣服之于女人,再美味的食物也需有一个好环境去承载。金稼园在环境打造上没少花心思,主要体现在三方面:自然环境、就餐环境和场景营造。

1. 自然环境

园区内的天然水系

园区大面积的农田绿植

蔬菜种植大棚

园区内的草坪凉亭

　　有天然河流从园区经过，可垂钓，可休憩。

　　230亩的园区，至少200亩仍然以农业种植为主，大片的露天种植可形成农业景观，田间道路则可供游客散步。

大棚内种植的蔬果可供游客采摘,同时也给食客一个暗示:这里的食材自产、新鲜。

游客进来之前会以为是个农家乐,能停车,能吃饭,进来之后会发现别有洞天,有惊喜。

2. 就餐环境

就餐板块分 3 个地方:生态酒店、蒙古大营、野炊区。

生态酒店位置

生态酒店轮廓

生态酒店内部

适合8~20人不等的独立包间

生态酒店占地面积4 000多平方米，酒店的投入在500万~600万元。其中就餐大棚为2 000多平方米，由大厅和32个包厢组成，可同时接待700人就餐。

大厅位于中间，包间围绕在四周，客人多选择包间就餐，平日里大厅比较闲。而周末和节假日，包间坐不下也会选择到大厅就餐。

小包厢平时使用率较高，大包厢在过年前后的使用率比较高。

适合2~6人的长桌

蒙古大营位置

蒙古大营航拍图

蒙古大营入口

7个蒙古包

单独的蒙古包

蒙古包内部

蒙古大营占地面积约900平方米,一共7个蒙古包,1大6小,小蒙古包占地面积约40平方米,大蒙古包占地面积约60平方米。

烤全羊

野炊区位置

野炊区实景图

自己动手的土灶

自己动手的柴火灶

一起就餐场景

野炊区是我给起的名字，因为是在户外，有土灶可自己做饭。野炊区占地面积约1 200平方米。当地人在4—5月有吃野米饭的习俗，虽然每年只开放2个月，但可以带来上百万元的营业额。

3. 场景营造

有的庄主说了，大片的农田我家也有，生态餐厅我家也有，比它的条件还好，怎么生意还是不温不火？问题可能就出在这第三个环境——即"场景营造"上。

自然环境和就餐环境是可见的，也是我们轻易可以模仿的；场景营造是不可见的，很容易被人忽略，然而在我看来却是最重要的。

何为场景营造？ 我给它总结了一个定义：以现有硬件设施和场地条件为基础，通过临时装扮呈现不同氛围，满足不同人群需求的打造方式。以金稼园的场景营造为例。

大厅还是原来的大厅，只是用了印有哆啦A梦的桌布、椅套和地毯，再点缀些气球，一个很适合给男宝宝庆生的场地就诞生了。把哆啦A梦换成Hello Kitty就变成适合为女宝宝庆生的场地了。

金稼园的宝宝宴是一个很重要的场景，特别是在二胎政策放开之后，这种需求增加。

这种场景的营造没有花很多钱，效果却很好。场景布置过程中唯一的消耗品是气球，其他的像桌布、椅套、地毯等都是一次购买重复使用的物品。在这样的场景里办一次宝宝宴，是不是很有拍照发朋友圈的冲动？自己有宝宝的时候是不是也很想在这样的环境里为他办宝宝宴？

正常的用餐大厅

哆啦A梦的宝宝宴场景

Hello Kitty 主题宝宝宴场景

草坪婚礼现场

草坪婚礼现场

毕业活动场地

一片草坪，可以摇身一变成为草坪婚礼现场，作为新娘会不会感觉很幸福？作为男方，在这种西式浪漫的场地里办婚宴是不是很有面？如果参加了一个朋友的草坪婚礼，你会不会有发朋友圈的冲动？如果你也没结婚或家里有未婚子女，是不是也想将来在这里举办婚礼？

金稼园

草坪自助餐

篝火晚会

189

露天电影

到了毕业季，草坪又成了毕业活动的场地。到了晚上，草坪又可以搞篝火晚会、夜幕电影、星空露营……

露营场地

CS、高空拓展等都为企业客户打造的团建场地，园区有一个约2 000平方米的CS场地。

CS场地

拓展场地

春季运动会

春季放风筝

春季植树

利用农场的先天优势，在春季搞植树节活动，植树、放风筝、草坪游戏等，打造幼儿园、小学的春游场景。

到了夏天，亲子活动开始，利用农场草坪和水沟开展抓鱼、摸虾、打水仗等活动。

抓鱼

摸虾

打水仗

秋游活动

割水稻

秋收也是一个很重要的场景，同样利用农场的现有资源开发农事体验活动，为幼儿园、中小学等客群打造秋游场景。

农事体验

金稼园

大巴车上的安全教育

安全教育现场

农场还回收了1个报废大巴车,打造安全教育的场景。

磨豆浆

考古挖掘现场

小动物喂养

磨豆浆、考古挖掘、喂养小动物等都属于为亲子游打造的场景。

小　结

看到这，有的庄主提意见了，说你不是要说餐饮板块吗，怎么给我们说起这些场景营造了？其实，以上所有场景都不是半天可以完成的，这意味着客人要在农场有至少一餐的消费。**场景的打造是为了给特定客群一个来的理由，而至少半天的设计，让客户有了更多消费的机会，这才是我想表达的核心思想。**

有人说场景的打造那不得花钱吗？那确实得花点钱，但是场景营造本身是有收入的，准确说还是有利润的。以植树节活动为例，小孩收费60元/人，这是不含餐的价格。类似这样春秋游的场景，每年可以给园区带来1万人的客流，您说是不是赚着钱就把客人接过来了？

农场的场景丰富到什么程度？从一出生的宝宝宴；到孩子3~6岁时跟团来这里参加春秋游活动；再到升学宴；再到毕业季活动；再到他长大成人在这里办婚礼；再到老同学聚会；再到公司企业团建活动；再到他生了宝宝办宝宝宴，这一圈转不出去了。

这么多的场景只有一个目的，就是提高农场各板块利用率，只有利用率提高了才有盈利的可能，毕竟要养100多位员工。陈总说，农场营业额在1700万元的时候是不赚钱的，只有冲到2000万元的时候才有利润。

很多庄园/农场拥有金稼园的所有基础设施，甚至更豪华的基础设施，但并没有这么好的营利能力，问题可能就出在场景打造上，这就好比买了别墅却没有装修是一个道理，虽然能满足"住"这个功能，但是各种不舒服。服务行业一旦没了"舒服"，也就只剩下抹脖子上吊的份儿了。

这一部分，我们讲到了自然环境、就餐环境，还有最关键的场景营造，目的是让人过来。

三、菜品

说了半天，终于说到了菜品。菜品是餐饮的灵魂，菜的品质不高，口味不好，你有再好的场景，再好的位置，也不能持久。菜品是"1"，场景、位置等是后边的"0"，没有好的菜品，很多的0看着很唬人，实际没意义。

金稼园可谓理解透了这一点，简单总结为三点供大家参考：原材料、团队、迭代。

原材料方面： 食材很多来自金稼园自己养殖、种植的，新鲜而无公害，味道鲜美，口感好。

团队方面： 金稼园有着强大的团队。4个销售经理，5个点菜的，6~7个厨师，大概20个服务员，再加上洗碗工、洗菜工、后勤、仓管、司机、办公室人员等共计约 120 人。一切都是按照星级酒店的标准来配置的，虽未评级，但品质很高。

菜式研发：餐饮团队还会不定期地组织菜式研发、交流学习、外出考察等来提升园区的餐饮质量，不定期的组织菜品品鉴评比，这些方面，陈庄主都支持他们去创新。

食材自产

粗菜精做

四、市场定位

准确的市场定位让金稼园有了生存和发展的空间。

和陈总交谈中,有一个细节让我印象深刻。她说:"我们比市里的白金汉爵酒店要便宜,他们一桌要3 000多元,我们这里大概2 000多元"。

平湖的白金汉爵我也住过一次,虽没有评星级,但条件不比北京的五星级酒店差,早餐也特别丰富。

金稼园团队合影

陈总一直在和市里最高端的消费场所比，这一点也透露了她对农庄的市场定位。从定价上，和普通农家乐相比，农场并不算低，以团队客户为例，宝宝宴的价格 1 600~1 700 元一桌。以散客为例，平均客单价也在 100 元左右。

虽然市场定位高端，价格也不便宜，但却人满为患，这是什么道理？上文有提到，金稼园的客户群分外地和本地，平时以本地消费为主，周末以进出上海的外地客户为主。我们想想，经常私家车进出上海又爱出游的人必然是不差钱，而且从国际化大都市出来偶尔消费一下，对于他们，价格并不敏感，况且价格确实比上海要低一些。对于本地消费，价格确实比一般的农家乐要高一截，但这就是它的定位——**一个上海人都经常过来，本地人也趋之若鹜的高级场所，一个让人消费起来很有面的场所。所以本地请客吃饭要到这里来，婚礼要到这里来，外地朋友要走了，走之前来这吃一顿直接上高速了……**

当然，为了完成这个定位，**农场的硬件设施、厨师水平、服务水准等也都要求更高，定位和软硬件匹配，这一点非常重要**。如果你是普通的饭馆，那你要的是回头客，关键是性价比，相应的你的装修、位置等不用过分考究。如果你是日本料理，那就不一样了，因为没有人会天天去吃日料，但是吃一次就要求你食材新鲜、环境好、服务周到。因为这可能是两个人结婚纪念日来吃，也可能是部门业绩好，团建来吃，总之，是在一些特定的场景下才会来，相应的客单价自然会高。可如果你是泰山景区里的餐厅，你的客人有可能一辈子就来一次泰山，他们想吃的无非是本地才有的特色，所以你要有特点，有文化，而不是拼环境，拼价格。

总之，**定位和软硬件一定要匹配，不恰当的定位，或恰当的定位却做了不恰当的配套，都无法持续**。试想，如果金稼园一切如旧，只是把价格降下来，能否持久十年也不敢说，因为成本在那，每天翻台率和接待上限也在那里摆着，不赚钱也就不会持续。反过来，假如金稼园一切如旧，只是把价格抬起来，和上海滩比肩，能否持续十年也未可知，当地人有可能觉得曲高和寡，上海人觉得进了黑店，有点漫天要价的嫌疑。

只有恰当的定位，并按照定位有恰当的配套服务，同时兼顾效率和稳定的品控，这才是百年老店的核心要领。

五、理念

这最后一个核心便是农场的理念，单纯地说理念可能比较空洞，先说一个细节。

我们去考察时，上了一道菜叫"古法盐煨太爷鸡"，服务员郑重的介绍道："这是本店的招牌菜——古法盐煨太爷鸡，选取了我们园区散养一年以上的鸡，加上1.5米的大锅，用15千克的柴火才能煨制出皮光肉滑的质感，它可以分为四吃，首先大家可能享受肉的质感；其次我们是用农夫山泉做成的汤汁可以喝汤；再次，我们园区自己种植的养生蔬菜，放在鸡汤里涮锅可以解酒；最后，我们下一碗手工制作的鸡汤面让您回味无穷。"

经过这么一番介绍，是不是觉得这个菜来之不易？是不是觉得它更香更好吃？是不是觉得它一点也不贵了？

吃过几次之后，有的客户也都成为义务讲解员，给朋友讲起来头头是道。因为带朋友来吃，这一来是个话题，二来也显得很重视对方，不是随便找个馆子。口碑就这么一传十，十传百。

一个个小细节，组成了园区的大理念，最终形成"金稼园"的品牌价值，这是他们最大的财富，也是后来者无法短期超越的商业壁垒。

总　结

说了这么多，其实想表达一点，那就是**了解客户。**

没有所谓的营销学，说到底都是心理学，了解了客户心里在想什么，才知道他们要什么，最后结合自身资源打造适合他们的产品。

那有的创业者害怕了，这么多信息需要了解，这么多维度需要考虑，害怕自己搞不定。其实，只需要切换客户视角，把自己当作客户去亲自体验，亲身经历，就没什么搞不定的。陈庄主就经常外出，去过全国 28 个省，168 个城市。有时候屁股决定脑袋，把自己放在游客的身份上，就不得不设身处地地去思考。很多创业者用战术上的勤奋掩盖战略上的懒惰，看上去天天在忙，却在忙一些与大局无关的事。

当然，金稼园的模式并非完美无缺。在小地方做大生意很累，因为投入大成本高，这就要求每年能跑出足够的营业额来，所以农庄的场景这么多也是被现实逼出来的。陈总自己也说，当初宁愿做得小一点。

其实，金稼园现有的产品盈利有天花板，这也很好理解，农庄每天接待有上限，营业额不可能持续提高。想要突破天花板就得开发新产品，但对于从餐饮做出的品牌，开发其他产品无异于重新创业，并不简单。

金稼园是高端餐饮的案例之一，那在地级市如何做普通的农家乐？我之前写过一篇文章叫"3线城市的小小农家乐，靠餐饮年入200万元，看看老曹怎么做到的？"，收看方法：微信扫描旁边的二维码，**关注公众号"农未来"**，直接回复：**老曹炖鸡**，就可以看到了。

松雅湖生态农庄

40 亩地，年营业额 600 万元，一个从农家乐到文创转型的项目

松雅湖生态农庄大门

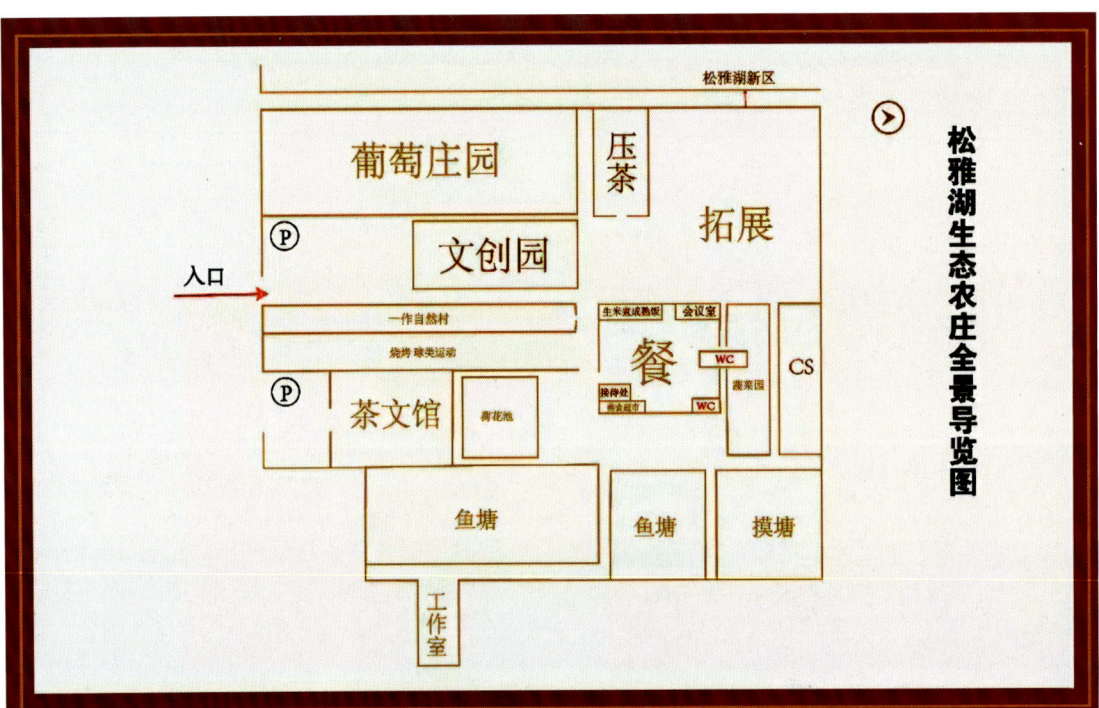

园区平面示意图

园区入口

说起这个湖南的项目，那叫一个名声在外。农旅界有一句话叫作："发源于成都，发展在湖南"，说的就是农家乐。湖南人民群众这"有钱不赚王八蛋，有钱不花白不花"的超前消费理念，养出了不少优秀项目。

话又说回来了，有一好就没两好，长沙周边的农家乐/休闲农场，那叫一个多，**这农家乐太多的，客户都快不够用了。**

这不，转型前的松雅湖生态农庄就是众多普通休闲农庄里面的一个，数据显示，2010—2014 年这个时期，年入园人数不到 1 万人，营业额不到 40 万元，业务不过钓鱼、打牌、吃饭，和众多农家乐那真是一对双胞胎，找不到差别。

可是，经过转型的松雅湖生态农庄，现在每年可以接待游客到 10 万人，营业额 600 多万元。还是那个地方，还是那那么大面积。

本案例分 3 个部分为大家解读，先图解园区，让大家对农庄各个板块有个初步了解；再用案例呈现农庄的文创体验；最后尝试提炼松雅湖农庄模式及要点。

一、项目图解

项目区位图

松雅湖生态农场庄位于长沙市安沙镇水塘垸村，位于松雅湖的东北角，距离星沙经济技术开发区仅 2 公里，距离长沙市市中心 20 多公里。

长沙是个消费城市，不仅消费能力高，人们消费意识也高，可以说是有钱又爱花。

值得注意的是，松雅湖生态农庄 15 公里范围内可以辐射到 11 所高校，包括长沙师范学院、湖南信息学院等，在校人数加在一起至少 10 万人。所以，在松雅湖生态农庄的客户结构里，学生团体可以占到 6 成，是有市场基础的。

项目周围有 11 所高校

核心区航拍图

松雅湖生态农庄，核心区占地面积不到 40 亩，业务主要有文创体验、企业拓展、餐饮等，板块主要由文创园、茶工坊、拓展基地、餐厅、葡萄种植等板块组成。

农场采用预约制，无预约不接待，主要接待学生团队和公司团队等团队客户，几乎不接待散客。

2 个停车场，总的占地面积约 1 200 平方米，停车免费。

停车位置

停车场实景图

文创园位置图

文创园外观实景

文创园占地面积约600平方米,是整个农庄里最主要的文创体验区,里面包含了陶艺工坊、木工坊、草木染、植物粑粑研究院、田园书屋、喝茶点6个项目。

文创园里的陶艺工坊

制成的陶坯

陶器展示区

　　陶艺工坊，以机制陶艺、手工塑泥以及民窑文化等方式开展手作体验。是农庄与铜官窑曾大师合作的项目，曾大师师出铜官，长于铜官，从小玩泥，热爱陶艺。

文创园之木工坊

木工坊,以木之拼接、智装、手作、产品及木制文化为主的体验,也是与传统木工世家的杨大师合作的。

木工坊的工作台

松雅湖生态农庄

木工 DIY

木制品展示区

213

扎染老师

扎染手绢

扎染服装

文创园之扎染

从自然中提取色彩,体验扎染、手工涂鸦等,这个项目是与高校的一个研究生合作的。

植物粑粑研究院，粑粑是一种食物，去农庄之前我还不知道这层意思，粑粑研究院主要是用来研究粑粑DIY的地方，长沙特色"水腻子"粑粑，农场每年会组织几十场粑粑体验活动。

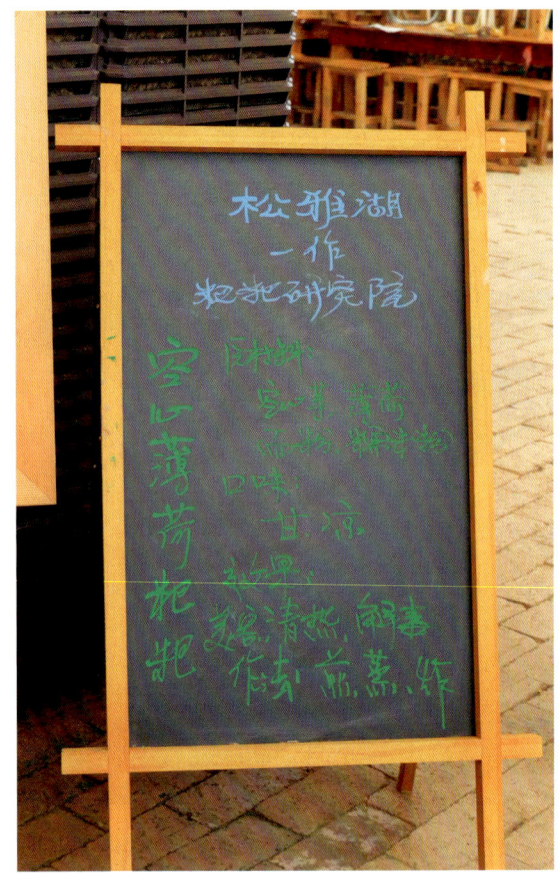

文创园之植物粑粑研究院

打糍粑

松雅湖生态农庄

制作糍粑

糍粑成品

文创园之田园书屋

书架

阅读区

交流空间

田园书屋,这是一个捐书、借书、看书和书友交流的空间,图中站着的女士燕子姐姐就是农场的创始人之一,是一个才女。

文创园之喝茶点

免费茶水供应

以上6个项目组成了文创园,其中,田园书屋和喝茶点属于免费项目,其他4个需要用到老师和耗材的,是额外收费的项目。

茶工坊位置

茶工坊外观实景

茶工坊内部

压制茶饼的工具

茶饼

松雅湖生态农庄

茶展销区

茶工坊,占地面积约 700 平方米,是一个体验制茶、品茶、推广茶文化的空间。

户外拓展区位置

户外拓展区的设备部分

户外拓展区的草坪部分

户外拓展区，占地面积约700平方米，主要由草坪和拓展设备组成，是户外活动的主要板块，亲子活动、成人拓展等都要用到这里。

葡萄庄园位置

葡萄庄园，占地面积约 2 500 平方米，主要是葡萄种植和采摘。

葡萄庄园实景

餐厅位置

餐厅实景

松雅湖生态农庄

围餐实景

生米煮成熟饭区位置

生米煮成熟饭区实景

名字比较有意思，实际上就是自己烧饭的土灶。

松雅湖生态农庄

会议室位置

会议室内部实景

会议室，可同时容纳60人。

球类运动区位置

球类运动区实景

　　这里是供游客运动和休息的地方，占地面积约 320 平方米，有乒乓球和桌球供游客玩，两边是吊床，可以休息。来客可以免费玩。

松雅湖生态农庄

花间烧烤区位置

花间烧烤区实景

花间烧烤台

花间烧烤，占地面积约 320 平方米。

231

茶文馆位置

茶文馆内部实景

去往茶文馆的小径

茶文馆实景图

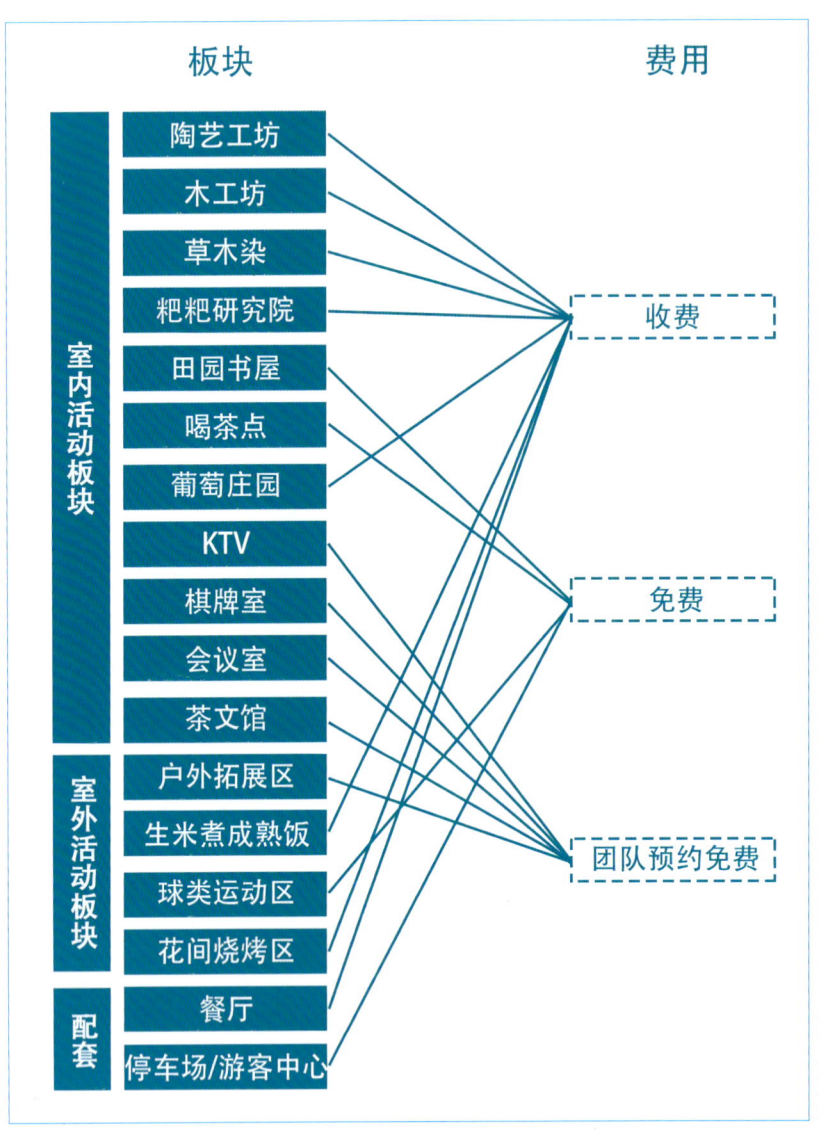

板块及收费情况

以上就是松雅湖生态农庄的主要项目，从项目的收费方式上可以明显看出，农庄是为团队客户优化过的，团客不仅享受到免费停车、看书、喝茶等常规免费项目，还可以享受到KTV、棋牌室、会议室、拓展区等更多的免费项目，农场则主要以餐饮（烧烤、土灶、桌餐）和增值项目来收取费用。

以上17个主要项目，单独看来和其他农庄并无特别大的不同，但是他们组合起来则能更好地服务自己的目标客户——团客。

从布局上看，燕子姐是花过心思的，虽是接盘的项目，但100多万改造下来，效果还是可圈可点的。这再一次说明，建一个农庄很容易，难的是运营。

二、主要客户群及对应产品

上一章了解了农庄的主要项目，那思考一下它们的作用是什么？

说下我的理解：所有的硬件都是为了服务于某个消费场景或传播场景，使得客户变现或品牌传播。

松雅湖生态农庄的文创体验可以简单地理解成这些场景，也是本节要诠释的重点，一共分成五类：美食体验、手作体验、自然艺术体验、综合体验、文化体验，每一类我都尽量举一个案例来加以说明。

1. 美食体验

说到美食体验，有人乐了，那不就是吃饭嘛，实则不然。

以某中学 2018 年 1 月在这里的课外实践活动为例，他们到农庄并选择了美食体验之"生米煮成熟饭"，过程大概分成 3 个部分：燃气安全使用、烹饪基本知识、环境卫生整理。

燃气安全使用： 不仅限于现场用到的部分，还包括一些常识，例如，燃气管多久换一次？

烹饪基本知识： 教他们如何洗菜？切菜？配菜？别小看洗菜，洗菜也是很有讲究的，虾怎么洗？鱼怎么洗？洗到什么程度算干净？有的学生看到油冒烟了就跑，其实也是常识的缺失。

环境卫生整理： 包括碗筷拿送，桌面清理，场地整理等。这一部分一方面提高个人素质，另一方面也给园区省了一些服务员。

现在的社会节奏比较快，导致很多常识我们没有办法教给孩子，一旦踏入社会就是小白鼠，农场通过这样的美食体验教给孩子们生活常识。

生米煮成熟饭这个项目，接待最多的是大学生和白领，体验过程大概需要 4 小时。有两种方式：自带式和全包式。

自带：

38 元/人，6 人起

10 人一个灶口

农庄提供锅碗瓢盆基本工具、消毒餐具及米饭、油和盐。

基本工具：一把刀、一口锅、一块砧板等

佐料自带：姜、葱、蒜等

调料自带：味精、鸡精、白醋、五香粉、酱油等

全包式：

标准68元/人，农庄准备各类美味食材，亲们只需自己动手做饭就行（非提前预订不提供）。

食材清单：

1. 鸡一份

2. 鱼一条

3. 猪手一份

4. 牛肉一份

5. 小炒肉一份

6. 腊肉 一份

7. 豆腐一份

8. 嫩子鱼或小河虾

9. 坛子菜一份

12. 时令青菜三份

13. 点心一份

14. 凉菜两份（厨房提供）

在不浪费的前提下，菜少了农庄安排加食材，保证吃饱。

美食体验和吃饭是两个概念，吃饭的目的是填饱肚子，而美食体验是掌握一项技能或者学习一些常识。

对于农庄来说，美食体验让他与饭店、农家乐区别开，也可以少雇几个服务人员；对于客人来说，吃一顿饭的价钱还学到了一些东西，也是开心的事。

2. 手作体验

时间	项目	活动内容
8:30-9:00	集合	长沙县松雅湖生态农庄签到，导航搜索【松雅湖生态农庄】，自驾前往
9:00-9:10	总体情况介绍	905介绍主播农庄、注意事项宣告、家庭自我介绍、集体合影留念
9:10-10:00	端午民俗体验	端午节庆介绍、包粽子、扎艾叶、点朱砂
10:00-11:00	亲子趣味游戏	集体项目、巨人脚步、揪尾巴、投壶、运气球（由专业教练指导玩游戏）
11:00-11:40	农事观察	认识瓜果蔬菜，体验种菜
11:40-13:00	田园有食	享用美味原生态农家午餐
13:00-14:00	茶文化体验	参观茶制作、茶艺体验
14:00-15:00	艺术体验	捏泥巴，涂草帽
15:00-15:10	结束	大合影，自由活动（农庄里面还有烧烤、陶艺、布染、手工、垂钓等丰富活动，大家可以自由选择，自费体验。）

活动费用 258元/组（1组家庭包含2大1小，超出人数按88元/人收费）

手工体验活动内容

农庄的手作体验主要有：作陶体验、作木体验、草木染。相关体验的场地在上文中有提到。

以某机构 2018 年 6 月在农庄组织的活动为例，他们一天的活动中安排了一项体验捏泥巴，也属于陶艺体验板块。

这个活动的组织方是某机构，他们负责把人带过来，把钱收了，大概 20 组家庭。人带过来之后，农庄来做具体执行，费用由农庄和机构之间结算。

农庄的陶艺主要有：捏泥巴（28 元）、机制陶（38 元），还提供烧制（20 元）和邮寄（10 元）的服务，团队体验会有折扣。

陶艺是个专业的事，所以，这个板块是农庄和铜官窑的一个师傅合作的，农庄出场地，师傅出设备和课程，有生意了大家对半分利。

不仅是陶艺，木艺、草木染也都是合作的项目，一方面引入了专业的资源，另一方面也减少了农庄的投资和风险，最重要的是专业的人做专业的事提高了效率。

3. 自然艺术体验

自然艺术课堂，是由农庄一个作自然艺术设计工作室的开发的，源于自然，融入艺术元素，课程式体验，深化教育意义。以植物粑粑这个体验项目为例，方案如下。

主题： 松雅湖生态农庄糍粑季

活动目的：

①让同学们更加深入的了解美食，弘扬中华传统美食文化。

②培养同学们动手能力，借此深刻体会到团队合作的真谛。

对象：所有爱美食、爱田园、爱公益的你

时间：这个冬季

活动流程：

①参赛者按通知时间到达比赛现场进行签到，找到自己的比赛场地。负责人确认所有人员到齐后开始暖场节目，主持人开场，简要介绍比赛流程和规则。

②首先开展现场抢答环节。有奖知识竞答（与冬天相关），每组可派一人抢答。之后部分同学进行表演。

③工作人员将蒸好的糯米分给各组，参赛者做好准备，负责人宣布计时开始，大家开始打糍粑。在比赛的过程中，将有工作人员在一旁提供必要帮助。每组做完自己的糍粑之后，拿到指定地点，由评委评分，每10个小组为一大组，去对应的评委处评分。然后评委对外观，完整度等进行打分及点评。

④综合所有评分项目，得出总分，现场评出一等奖、二等奖、三等奖和优胜奖。最后所有参赛人员合影留念。

评分规则：

①数量：不少于6个，少于6个者，少一个扣1分，扣分无下限，多出的不加分。

②造型：造型新颖得基础分20分，具有创新意识，外表美观者可酌情加分，漏一个扣1分，扣分不能多于5分。

③卫生：制作完成后桌面整理整洁者得满分25分，桌面杂乱或态度恶劣者扣分，扣分不能多于5分。

④抢答游戏外加分：答对一题加1分，每组最多加5分，发现用手机百度等方式作弊者，发现一次扣2分，扣分不超过8分。

PS：不听工作人员安排者，以及不按照时间安排擅自开始，不配合工作者，扣分，最多扣 10 分，但不允许参与一、二、三等奖的评选，只允许参加优胜奖的评选。

奖项设置：

一等奖　奖品：龙虾米一袋

优胜奖　奖品：自制甜酒或者四季红猫鱼一份

报名方式时间：

2018 年 1 月 30 日前发朋友圈集 36 个赞。

报名截止时间：

2018 年 1 月 30 日

报名费收取： 100 元 / 人

注意事项：

①参赛者将剩余的材料用完，每人带走 1.5 千克糍粑。

②活动过程中拒绝浪费，每 5 组将有一名工作人员在旁监督并提供必要帮助。

这个活动一推出，一个月零几天就做了 30 场活动，吸引游客 5 000 多名，销售糍粑 3 200 千克（7.5 元 / 千克），还引来了长沙市电视台乡村大视野栏目做专题采访。

农场常做的自然艺术体验还有**一片叶子的人生、一滴水的旅行、一粒种子的故事等，都是利用农场现有资源策划的体验活动。**

自然艺术体验，让体验者从各个层次，由浅到深，感悟自然，体悟艺术，最后能从课程中反射到自身，促进孩子们的身心健康发展，丰富孩子们的社会实践生活，增进亲子关系。

4. 综合体验

农庄会根据不同的季节或时间，推出不同的主题活动，例如，春游、儿童节、夏令营、秋游、中秋节、糍粑季、篝火晚会等。另外还可为企事业单位、学生团体等定制活动方案。这些全部被归到综合体验里。以某软件公司 2018 年 3 月在农庄举行的团建活动为例，具体安排如下。

上午

合影

拔河

珠行万里接力

二人三足

中午

午餐

下午（自由活动）

写毛笔字

桌球

乒乓球

采摘

收费： 像这样的活动，农场只收取一个餐费，88元/人。

像这样的公司拓展也是需要提前预约的，提前3天以上预约的还可以享受8.8折优惠，园区是无预约不接待。

不同团客的需求不同，咱们刚才举的是公司拓展的例子，还有其他群体，需求各不相同，公司需要有拓展，学校学生喜欢多点游戏，企事业单位需要会议室、农庄等，这些统统满足。所有团队都会有的一个共同的需求，那就是吃饭，这溜达一圈不吃饭就留遗憾，中国哪里都一样。所以农场只收餐费，像拓展设备、乒乓球、台球、KTV、棋牌室、喝茶点统统免费，结算方式明确降低客户的决策成本，这真叫一个体贴。

5. 文化体验

这里的"文化体验"特指燕子姐姐的田园书屋，一个公益分享平台，为爱读书，爱分享故事的人提供的场所。

不是立几个书架，摆几本书就叫文化了。这就是为什么很多庄园都有书吧，但是却没有给人文化的感觉。

说实话，这一部分不太好呈现，因为文化的东西有时候虚无缥缈，有时候掷地有声。我尝试从读书交友这个角度来浅析。

燕子姐是个才女，经常通过微信、微博、朋友圈发表一些散文、故事、记事等，田园书屋则成了她故事的来源之一。

很多小故事发生在两人之间，却写给朋友圈上千人看，通过故事和客户交流，通过文化把客户变成益友和知己。

农庄说到底还是服务行业，服务客户必然会有差评，因为人的需求不一样，给他金碧辉煌，他也可能挑刺，说太晃眼。可是作为知己，你给他一个烂桌子吃饭，他很喜欢，他觉得这个桌子有故事。

文化的打造可以提升客户关系，提高满意度，增加传播动力。

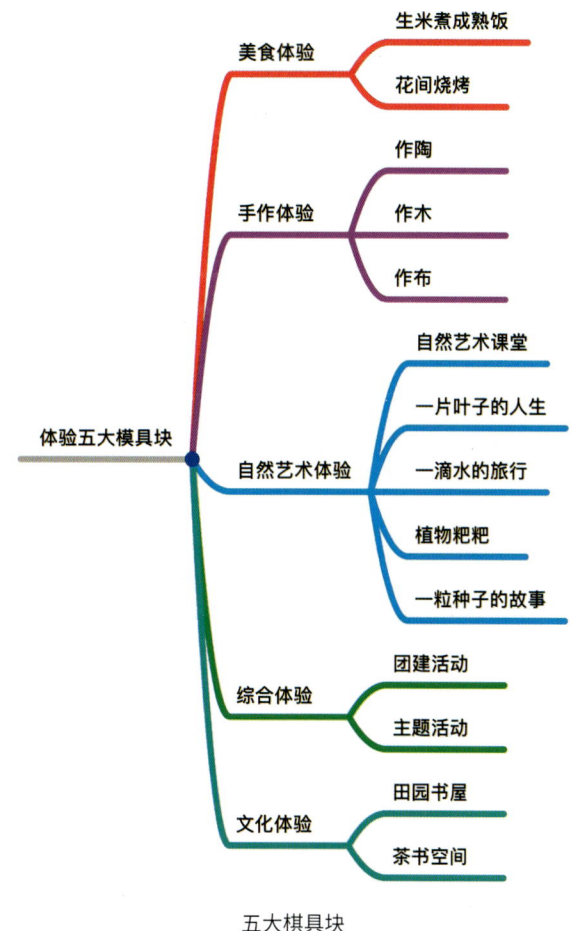

五大棋具块

小 结

这五类活动的开展组合成农庄的运营，形成了农庄的核心竞争力。

三、模式及要点解析

松雅湖生态农庄的拓展总教官大熊老师的一句话，我认为很好的总结了松雅湖生态农庄的模式——**体验省人工、活动收费用、文化打造留人心**。

体验活动和文化打造上文已经讲得比较详细。最后一部分主要介绍**"体验省人工"**。

农庄不好招人，好不容易勉强招上人来，结果用人效率上不去，因为一周忙两天，闲五天。

而节流又很必要，因为省的是利润，收到的是营业额，所以，如何提高员工工作效率就显得特别重要。

松雅湖生态农庄的模式可谓高效率模式，主要体现在五个方面：预订模式少损耗、体验方式省人工、共享项目显人情、收费项目用合作、员工成为多面手。

1. 预订模式少损耗

农庄给客户立了条规矩——"无预约不接待"，听到这，很多庄主眼泪都下来了，给客户立规矩，真是闻所未闻，见所未见。

预约制为农庄带来了很多好处，首先第一个好处，统筹安排，合理利用资源，农场KTV就两间，棋牌室就五间，拓展场地就那么大，预约可以把农庄项目高效的与团队客户的需求做对接，KTV可以分上、中、下、晚四场，您这个团队预订的是哪一场，就在哪个时间段过去。这样，农场的资源得到合理、高效的利用。

第二个好处，员工工作效率提高。以前台为例，如果没有预约制，来一个团队，提一个要求，来一个团队又提一个要求，3个团队堆在前台，那前台一上午啥也别干了。预约制就不存在这个问题了，您只需要告诉我你是哪个团队，我抬手看看表现在几点了，您预约的哪个项目就出来了，带你过去就OK了。

第三个好处，减少冲突。客户来了，人家就想吃烧烤，可是上一波人迟迟不走，怎么办？我想唱歌，您就是倒腾不开，我就不开心了，有的客户很调皮，这会兴致来了就想唱歌，怎么办？我告诉你，您预订KTV的时间是在18：00，您呢再有兴致也得等。

第四个好处，节约成本。餐饮需要提前备菜，体验活动需要提前备耗材，烧烤需要提前备串，教练需要提前约。预订制可以让您精确准备，而不是随时准备，这样可以节约成本。

最后一个好处就是，提升客户满意度。客户来了，按部就班地完成了事先约定好的流程，满意度自然提高。

这里，需要说明一点。预订模式的前提是客户定位的转变，转型前农庄接散客为主，转型后有 90% 是团体客户，这才有了"无预约不接待"。

2. 体验方式省人工

以涂鸦为例，农场在 2017 年遭受过一次水灾，后来在重建过程中，农庄本来也需要一些景观小品，农庄创造性的把酒瓶涂鸦加入自然艺术课程中，策划了装扮自己的田园特别行动，涂鸦是一种让小朋友迈不动腿的体验，农庄只需要提供酒瓶、颜料就可以了。

材料成本低，农庄又不用请人工来对农庄进行改造，最重要的是共享让客户更珍惜，有的客人还会时不时过来看看自己的成果，这是我儿子涂的，有点艺术天分吧？

3. 共享项目显人情

农场把不收费的项目和体验活动都归于共享项目，共享喝茶点、共享草原、共享涂鸦写字台、共享田园书屋、共享花园。乒乓球、桌球、羽毛球、拔河、拓展道具、操作手册等。

这些共享项目看似免费，实则找到了"客户选择你"的理由，而且花了最小的成本，你东西闲着也是闲着，人来不来折旧照算。

4. 收费项目用合作

前边讲到的手工体验大家还有印象：作陶、作木、草木染可都是技术活。

我们如果也想上这个项目可怎么办？总不能报个班学习个半年、一年的吧。

那确实有点长，所以，这个板块是农庄和铜官窑的一个师傅合作的，农庄出场地，师傅出设备和课程，有了生意呢，大家对半分利。

陶艺，木艺、草木染也都是合作的项目，一方面引入了专业的资源；另一方面也减少了农庄的投资和风险，最重要的是专业的人做专业的事提高了效率。

有了专业的合作方，可以最快地进入市场，可以有最适合当地市场的定价，可以有最有效率的运营，还可以减少个人专业层次上的投入，而农场自己培养人的成本太高。合作运营就不一样了，利益共享，风险共担。

5. 员工成为多面手

那这么大接待量，这么大营业额，这么多岗位，农庄得有养多少人呢？大家也想想，猜一个数字，默默放在心里。

下图是农庄的岗位架构，如果按每岗位一人算的话还需要 30 人，而农庄采用的是一人多岗，把每个人培养成多面手，现在农场年接待 10 万人，只有 12 个人。

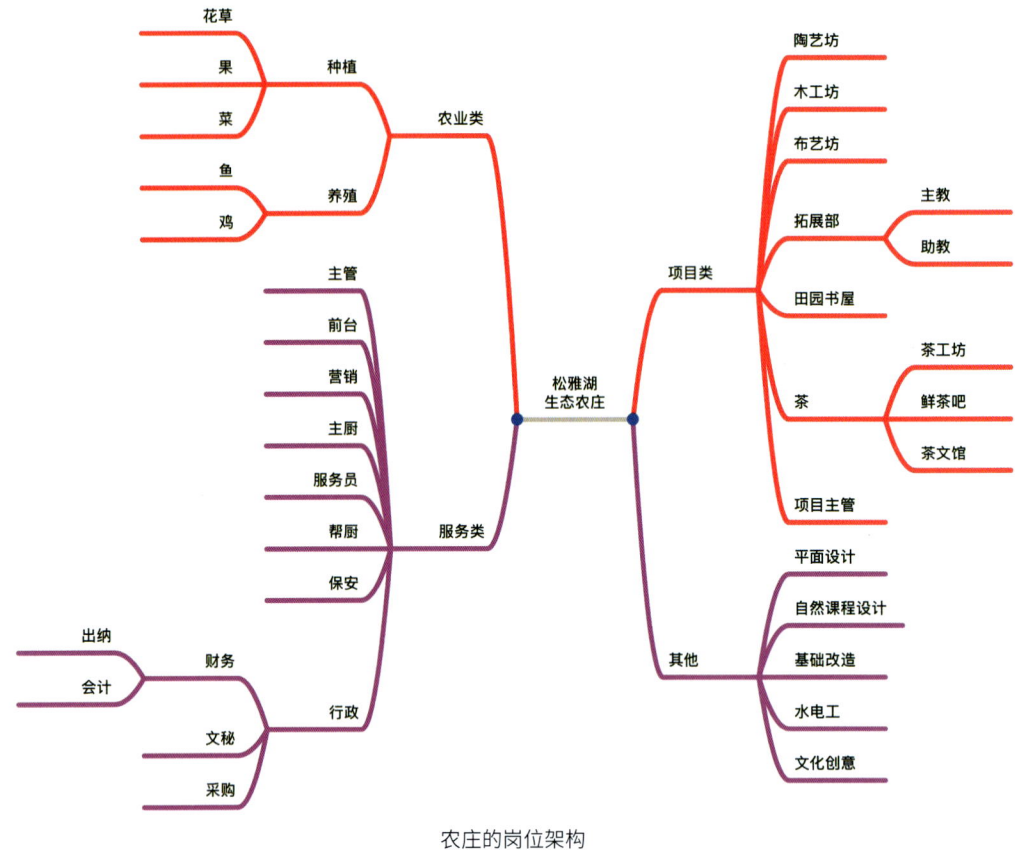

农庄的岗位架构

总教练大熊老师告诉我,这里的多面手不是指一人掌握所有技能,每个人有自己发展的重点,特别是在体验项目上,一专多能,一项最牛技能和多项通用技能。

最后还想讲一个关于天花板的问题。像这样一个项目,如果仅凭借餐饮、活动的话,年营业额是千万级,利润百万级,是有天花板的。

农场的燕子姐姐也告诉我,她在益阳还有一个 2 000 多亩的农场,没有品牌,在超市卖没什么利润,她当时接下这个农场也是希望把它打造成一个体验平台。

以现在的成绩来看,这个设想第一阶段是成功的,但能否打通农产品销售的渠道,咱们拭目以待吧。

关于松雅湖生态农庄的创始人,燕子,有一篇关于她的创业故事,相信会帮助你了解松雅湖模式,**关注公众号"农未来",回复"松雅湖生态农庄"**就可以看到了。

湘都生态农业园

2 630亩地,年营业额5 000万元,一个成功的嫁接旅游的有机农业项目

湘都生态农业园大门

湘都大棚种植区

湘都生态农业园是一个从"有机农业"起家的项目,用5年时间,把它打造成一个不赔钱的项目。

可能您会觉得,我们要学习的不是赚钱的项目嘛,怎么把一个刚刚持平、略有盈利的项目放进来呢?

首先,做有机想不赔钱本身就很难了,相信做过的都有了解;其次,这个项目很大,总面积2 630亩,如此大的有机项目可以做到略有盈利也是很难的。

湘都航拍图

同时，湘都也做旅游接待，每年接待20万人次，加上有机农业板块，每年营业额约5 000万元。

湘都现有的市场环境、基础资源等与全国其他地区并无太大区别，也就是说，它成功的方法，也可能适合未来的你，下边我们看看现在的项目都有哪些板块？有哪些客群？提供什么产品？我们又能从中学到什么？

一、项目图解

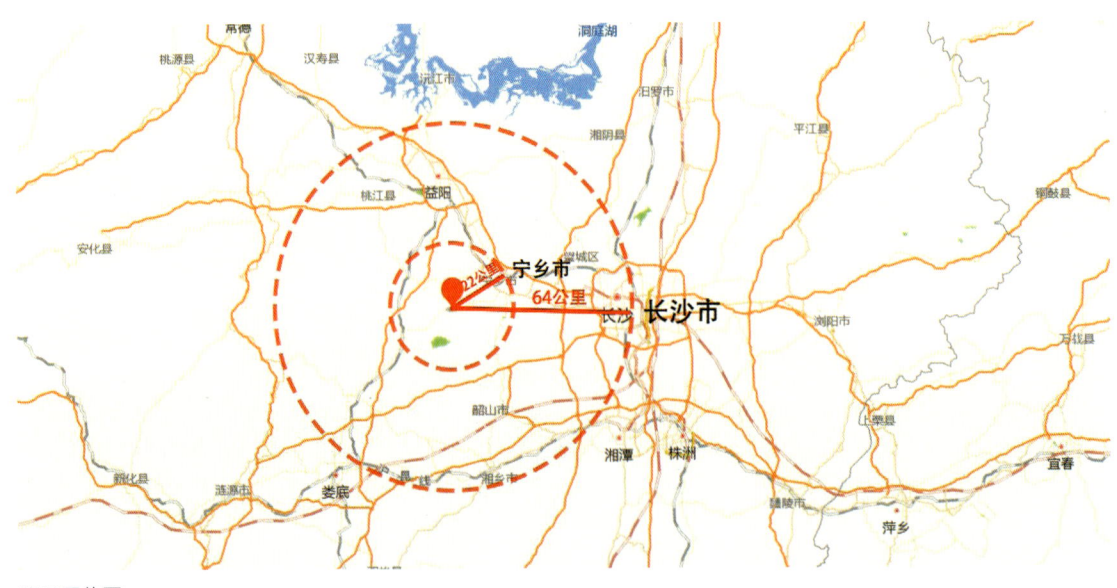

项目区位图

项目位于湖南省宁乡市,大成桥镇永盛村,距离宁乡市约 22 公里,距离长沙市约 64 公里。

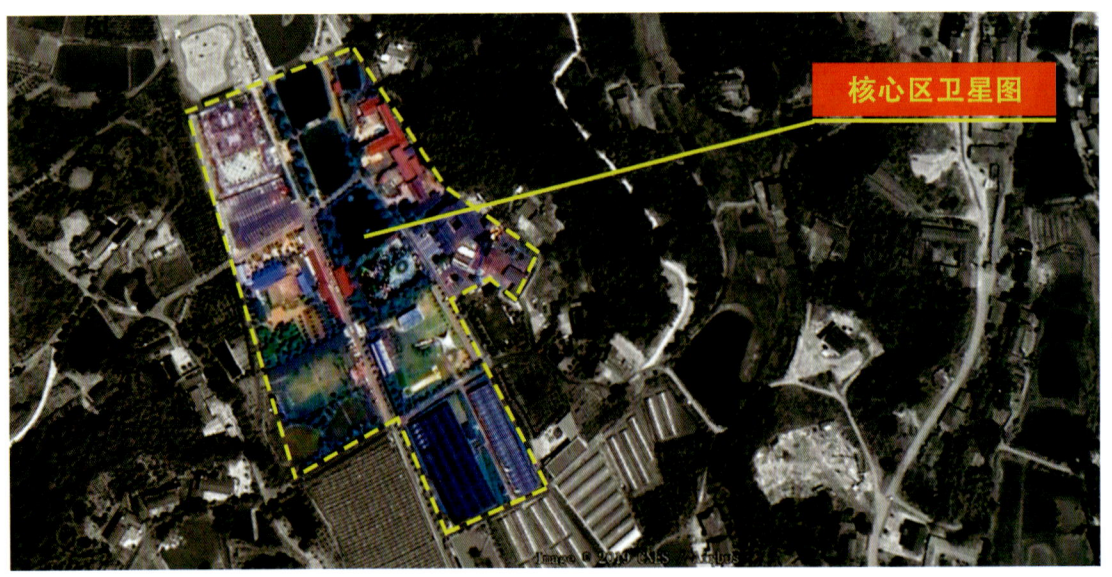

核心区卫星图

卫星图上显示出来的是核心区,也是接待亲子游和研学旅行的主要区域。

核心区主要由以下 10 个板块组成:停车场、勇士部落、小花猪运动场、小花猪餐厅、小花猪博学院、小花猪农乐园、小花猪戏水乐园、民宿板块、宁乡味道(商品展销区)、湘都大舞台。

湘都生态农业园

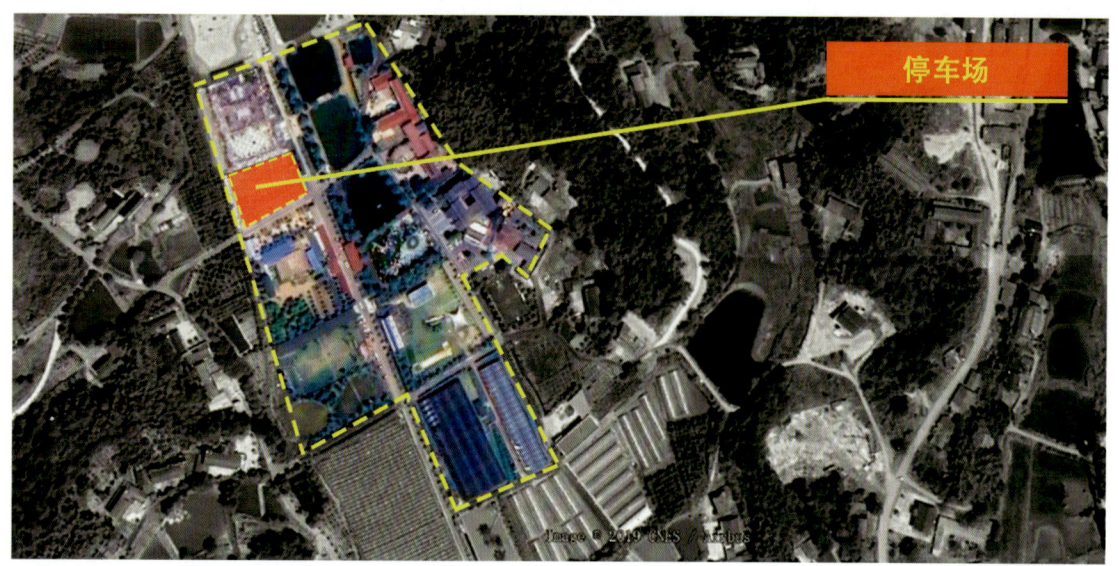

停车场位置

停车场实景图

停车场占地面积约 2 400 平方米，可以同时停放 32 辆大巴车，停车场位于核心区内，客人下车之后去哪个板块都不远。

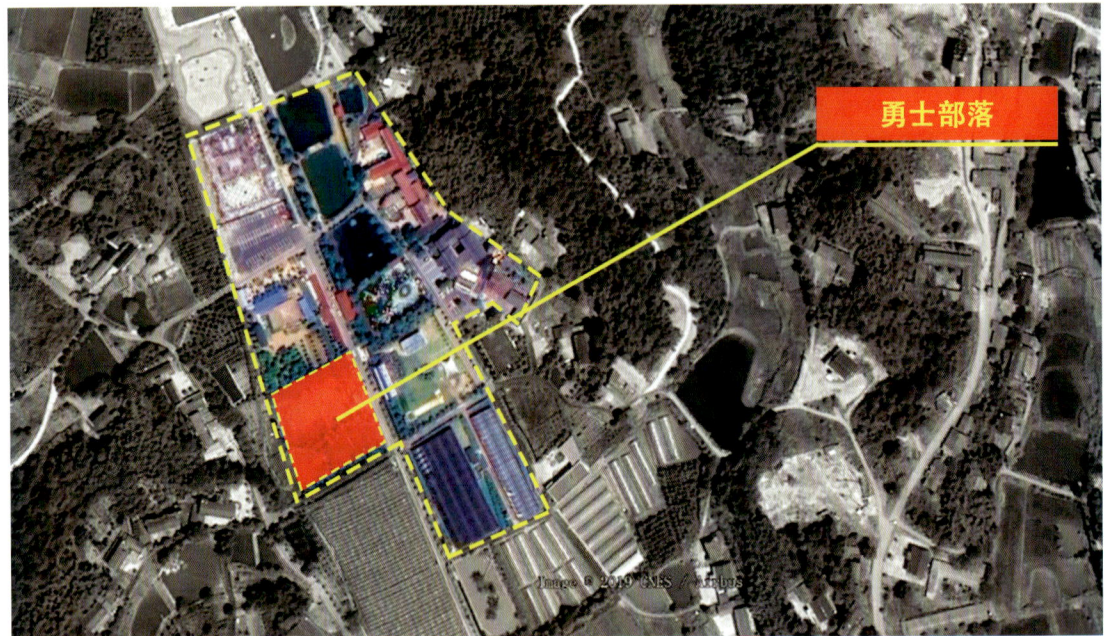

勇士部落位置

勇士部落之信任背摔

勇士部落之高空拓展

勇士部落的草坪

勇士部落之毕业墙

勇士部落之CS

勇士部落之射箭

湘都生态农业园

勇士部落之水上挑战

  勇士部落占地面积约 5 000 平方米，有拓展设备如高空断桥、攀岩、毕业墙、信任背摔、射箭、水上挑战等，草坪同时也是集散地和活动场地。

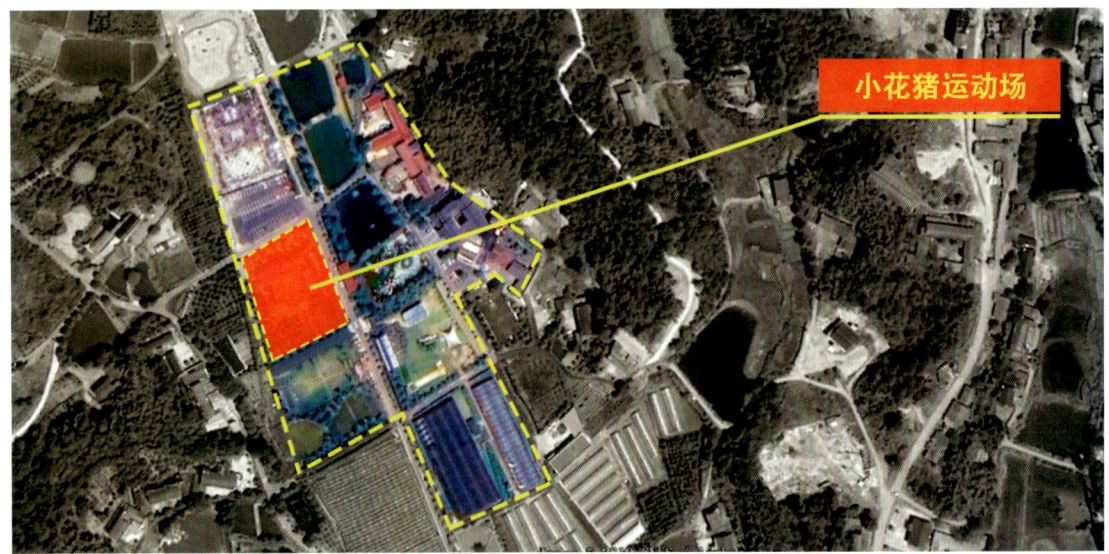

小花猪运动场位置

小花猪运动场的入口处

小花猪运动场是小花猪们运动和表演的地方。这里有3个功能，一是看小猪跳水、小猪游泳；二是小猪赛跑，赶小猪比赛；三是喂养小猪和其他小动物。

小猪跳水表演

湘都生态农业园

小猪游泳

看台

小猪赛跑

小猪喂养

小花猪餐厅

与小花猪一起午餐的孩子们

与小花猪一起进餐

小花猪餐厅里，小朋友们可以和小花猪一起共进午餐。

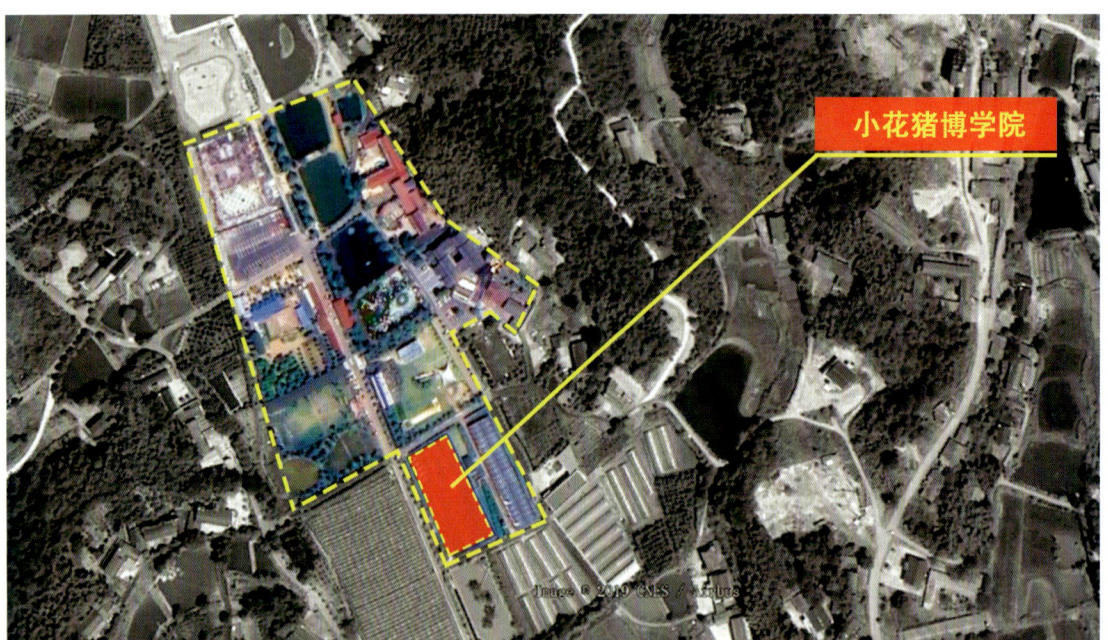

小花猪博学院位置

小花猪博学院外观实景

小花猪博学院内部实景

草帽 DIY

小花猪博学院占地面积约 2 700 平方米，位于大棚内，是室内活动空间，例如，磨豆浆、草帽 DIY、草木拓染、植物画、盆栽等都在这里进行，每个亲子活动方案里都有 1 个手工体验项目。

小花猪农乐园占地面积约 4 500 平方米，是小孩子在自然中玩耍的撒野场，有大蹦床、稻草迷宫、绳网世界、彩球池、沙石趣、水滑梯、水广场、小猪滑梯、轮胎秋千等。

水滑梯

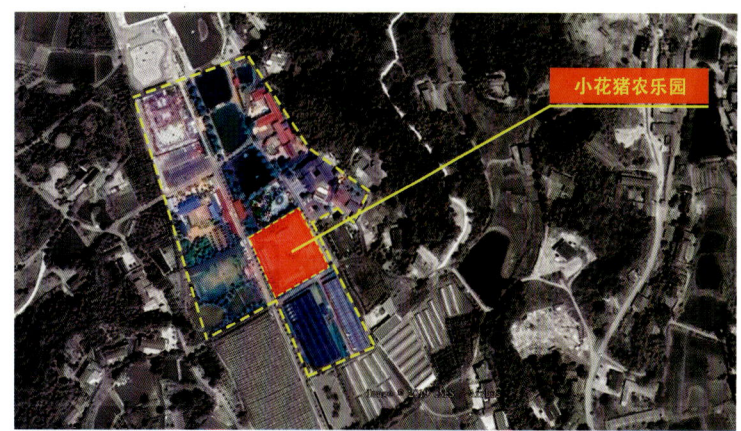

小花猪农乐园位置

小花猪农乐园入口处

蹦床

海洋球

猪鼻子滑梯

植物迷宫

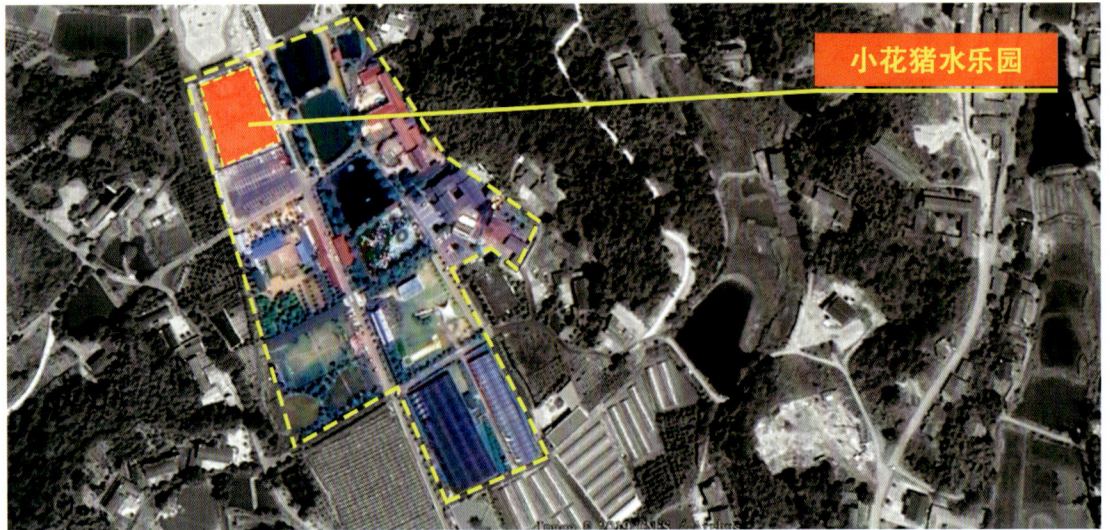

小花猪水乐园位置

小花猪水乐园实景

湘都生态农业园

水乐园里玩耍的孩子

水乐园中的设施

一进入夏季,水乐园就派上用场,成为游客特别喜欢的板块。可接待散客,也可接待团队客户,还可以组织水上运动会。

住宿板块

住宿板块房间外走廊

住宿板块房间

园区内还有住宿板块，有标间，也有上下铺的床位。民宿部分利用农民房子，公司统一装修，统一配置，统一管理。农民可以拿到租金、工资和分红。这样的合作方式既解决了建设用地指标的问题，也解决了农民就业的问题，值得学习。

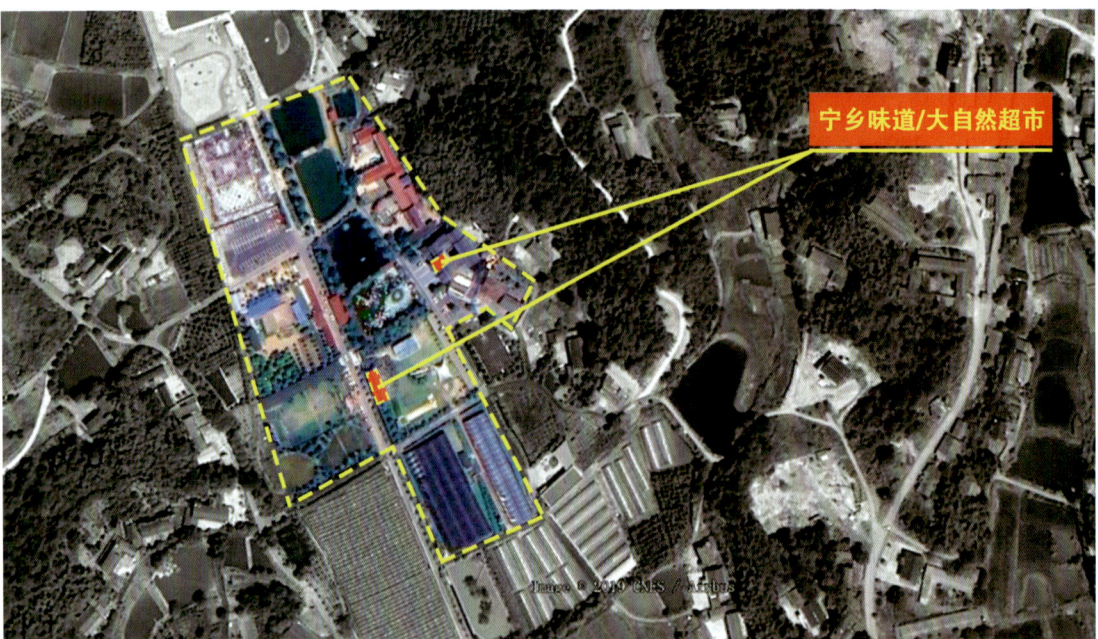

大自然超市位置

大自然超市外观实景

湘都生态农业园

内部实景

农产品展销柜

用于出售的农产品／加工品

　　宁乡味道和大自然超市都是农庄产品的展销区，一个位于接待中心，另一个位于核心区内。

大舞台就餐区

湘都大舞台

大舞台后厨

湘都大舞台，是1个举办婚宴、寿宴、毕业宴等宴请的地方，由舞台和就餐区组成。

以上就是湘都生态农业园核心区的10个主要板块。了解完湘都的硬件，那它究竟面向什么人群？提供什么产品？我将在下一部分继续解读。

二、主要客户群及对应产品

湘都的三个主要客户群和对应的产品有，宁乡和长沙的高端家庭——高端农产品；幼儿园、教育机构——亲子游产品；学校——研学旅行产品。

1. 面向宁乡和长沙的高端家庭提供高端的农产品

种植板块

湘都的种植板块大约 1 100 亩，种植有 80 个品种左右的蔬菜水果。

腌菜坛子

加工板块

剁辣椒

辣萝卜条

前4年，当蔬菜不能及时销售掉的时候，湘都选择了加工，把他们制作成坛子菜、剁椒、猫鱼、辣刀豆等传统即食类产品。

熟食喂养宁乡花猪

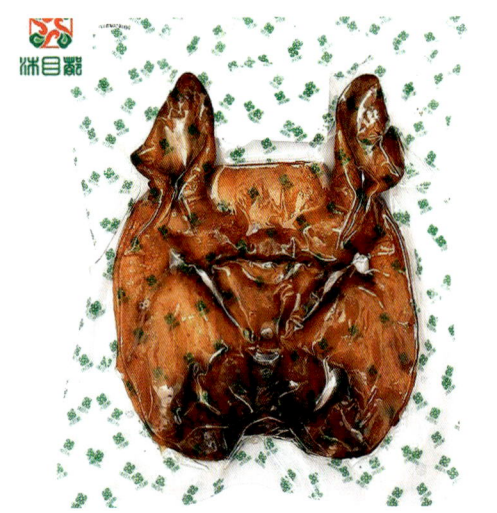

猪脸

腊肉

猪腿

除了卖生鲜猪肉外，花猪也被加工成了腊肉、猪脸、花猪腿等产品。

在销售渠道方面，线上有微信商城，线下有超市店中店，餐饮店中店，还开发了酒店、学校等客户，在宁乡还有一个美食体验广场。

线上商城

美食体验广场

长沙市麦德龙超市四方坪店

线上商城入口在湘都的微信公众号"湘都生态农业园"上,主要面向长沙、宁乡市区、株洲、湘潭四地配送,99元以上包邮,每天16∶00之前预订第二天的到货,16∶00之后下单第三天的到货。

2014年在宁乡市开起了美食体验广场。

2015年8月,湘都的农产品还成功入驻长沙市麦德龙超市四方坪店。

这些渠道中,有以体验为主的,例如美食体验广场;有以销售为主的,例如线上商城;还有展示销售兼备的超市店中店,他们共同组成了湘都的农产品销售渠道,为宁乡、长沙、株洲、湘潭等地高端家庭提供高端农产品。

而农产品现在每年为湘都创造约2 000万元的营业额,直接配送的客户有几百个,湘都大致持平并略有盈余。

2. 面向幼儿园、教育机构等客群的亲子游产品

以2018年4月思纽特小太阳幼儿园的一日游为例,大致流程如下。

合影

小花猪博学院之知识课堂

小花猪博学院之磨豆浆

小花猪农乐园

小花猪运动场（看小猪跳水、喂养小花猪、赶小花猪）

和小花猪共进午餐

拔河比赛

挑战水上

结束返程

这一天的活动，收费标准为99元/人，含午餐，来了大概3个班，每班20个孩子、20个大人，园区的收入约12 000元；像这样的亲子游一般是幼儿园向家长收取费用，再由幼儿园和园区统一结算。

一天下来，基本都在核心区内进行，用到了6个板块：停车场、勇士部落、小花猪运动场、小花猪餐厅、小花猪博学院、小花猪农乐园。

在服务方面，整个活动前期的方案的策划是园区提供，会提供3~4套方案，由幼儿园提前选其中一个，湘都也可以根据幼儿园的需求和当天场地使用情况做微调；活动会分组进行，带队老师也是园区提供。

活动过程中的消耗品并不多，主要成本是带队老师的工资和用餐。而像这样的亲子团，园区最高可接待1 500人。

不同季节，园区会推出不同的方案供选择，例如，春季植树节方案、六一儿童节方案、秋季的丰收节方案、幼儿园毕业季活动方案、周末的蘑菇主题活动等。

而参加这些活动的以2~12岁亲子家庭为主，幼儿园组织的居多，也有企业组织的亲子团、培训机构组织的亲子团、旅行社组织的亲子团、家委会组织的亲子团等。

因为幼儿园中私立园比公立园要多得多，市场化程度在全国来看都比较高，所以，这样的客户群的产品形态的适用性也比较高。

具体的投资数据没有拿到，不过，一般核心区的打造费用在5万~6万元/亩。

3. 针对学校的研学旅行产品

以岳麓区二小 2018 年春季的研学旅行为例,以下是大概流程。

研学导师接车

分队

湘都生态农业园

DIY 风筝

学农教育

射箭

滚铁环

CS 镭战

赶小猪比赛

285

传统坛子菜制作

像这样一场活动，收费 200 元 / 人，由学校向家长收取，再统一和园区或中间的旅行社结算。这次一天的研学旅行一共 1 300 人，给园区带来营业额约 26 万元（1 300 人 ×200 元 / 人），含大巴费。

大家可能觉得这个和亲子游看上去也没什么区别，除了孩子大点外，参与的项目不那么幼稚了，其他都类似。实际上有非常大的不同。

从客户群上看，亲子游以体制外的幼儿园为主，而研学旅行以体制内中小学为主。

从出行时间上看，亲子游以周六、周日为主，研学旅行则占据周一到周五。

合影返程

从参与项目上看,研学旅行的教育属性更强一些,亲子游的游乐性更强一些,所以,一般研学旅行的方案叫"课程",而亲子游的方案叫"活动"。

从投资体量上看,研学和亲子游类似,因为出行时间不一样,他们可以共用大部分场地。

接下来,大家可能会考虑,怎么才能接待这些体制内的客户群呢?在长沙是这样,先要申请成为研学基地,教育局会去进行考核,停车场、厕所、场地、课程研发情况等都考虑在内。考核通过了会成为研学旅行的"创建"基地。这时,你只是具备了接待资格,能否拿到单子,还需要去各地教育局投票,还需要组建营销团队与学校、旅行社对接。

总体来说,研学旅行和中小学综合实践是全国性的政策,国家鼓励学校学生外出旅行学习,其中一项有学农教育,农庄具备这样的天然场地，如果有能力研发出研学旅行的课程及综合实践的课程，就可以考虑做这个客户群。

说到底是人才的问题，研学导师一般配比是 1∶20，20 个学生，就需要 1 个研学导师带。农庄是否能找到或整合到这么多导师，成为关键。

湘都生态农业园在综合实践上开发了 8 套课程，有小小导游员、我是小农夫等，因为篇幅限制，这里不做过多介绍了，想了解的朋友，可以关注公众号"农未来"，直接回复：湘都生态农业园，就可以看到了。

以上，3 个主要客户群及对应产品就介绍完了，有工作日产品研学，有周末产品亲子游，还有不挑时间的高端农产品。

除此之外，农场还有一些其他业务，例如，农场利用大小不同的会场做商务接待；有拓展器械，可以接公司拓展；能钓鱼、吃饭可以接待散客。因为是常规的非主营项目，这里就不做过多介绍了。

全年 20 万客流，5 000 万元营业额就从以上产品里产生。

三、总结

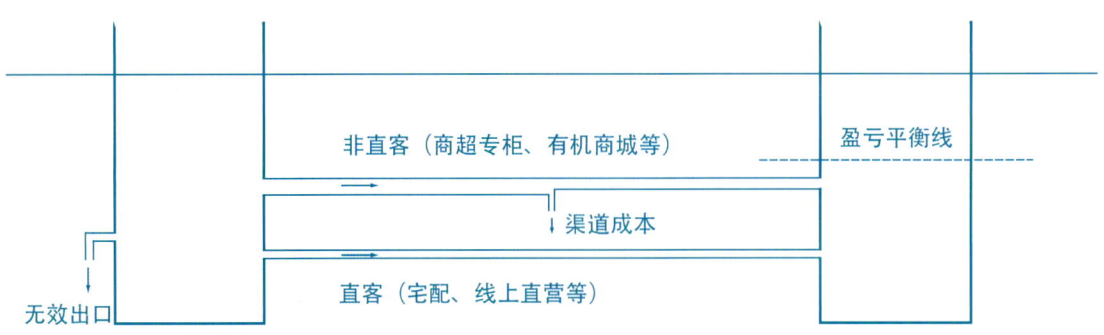

有机农产品价值流动示意图

我在之前的解读中拿出过这个理论，现在再结合湘都的案例帮大家梳理一下。

有机农场不赚钱，问题在于没有"有效出口"，成本6元/千克的蔬菜，拿到市场上却很难卖到3元。所以，前4年，湘都的有机种植板块处于连续亏损状态。

后来，湘都尝试过的"出口"很多，比如在麦德龙超市开店中店，可是，这毕竟是从人家的流量池里变现，必然有渠道成本。

再比如，尝试开线上商城，在宁乡开直营店等，这些属于他的"直客"，所以没有渠道成本。但是，问题来了，没有渠道成本，却增加了流量成本，因为你线上开店总得推广才会有人知道吧？线下开的直营店也是一样，租门面，本质上也是流量费。所以，虽然减少了渠道费，却增加了流量费。

再比如，湘都做起了亲子游和研学游，每年带来20万名的客户。这为它免费带来了流量，因为旅游接待项目本身盈利，在体验过程中在他们心里做了"湘都=食品安全"的品牌建设。有消费能力的亲子家庭部分转化成高端农产品的消费群体。所以，亲子游和研学游在整个产业矩阵上起到了带流量和品牌建设的作用。截至2018年，湘都积累的直客达到几百人，连续亏损4年之后，湘都开始持平，略有盈利。

所以，**有机农业不是不赚钱，只是需要时间，需要不断地做品牌建设，需要不断地进行"直接客户"的积累。**

这个周期不会太短，所以，一般建议在有机农业路上一定要找到另外的盈利点，上海的泰生农场本身养猪盈利，可以弥补有机种植的亏损，而湘都选择做旅游接待和研学旅行。总之，我们需要一个辅助产业，帮我们"曲线救国"。

另外一点，有机农业最好从小往大做，因为客户需要积累，如果上千亩蔬菜同时成熟，到时不知是丰收的喜悦，还是产品滞销的忧愁了。

后　记

取其精华去其糟粕。本册书中的每个案例虽各有各的亮点，但没有一个是完美的，所以，我们要汲取的是他们的亮点，而不是一味地照搬。我特别有感触，这套书写了有1年多，在截稿的时候，有些项目已经发生较大变化了，有的运营数据更好了，有的却遇到新的问题，甚至还有因为政策问题被拆平的。所以，这套书的重点并不是预测未来，而是总结过去。

知道容易运用难。看多了杀猪，虽然杀猪的流程烂熟于心，但能不能拿刀准确地捅进去就不一定了。虽然我们了解了很多项目，也知道了他们很多背后的逻辑，但运用的时候还是会遇到各种各样的问题。所以，理论到实践之间是有距离的，这个距离就是"运用"。

时代变革已至，拥抱变化才不会被抛弃。所谓30年河东，30年河西，对于农业来说，1979—2018年，这40年是一个阶段，以市场经济为主，农业让路工业，农村让路城市。而2019年之后又是一个阶段，很可能是一个兼顾公平的更加规范的市场经济阶段，工业反哺农业，城市反哺农村。只有顺应时代，拥抱变化，才不会被抛弃。

这30个项目更多的是独立项目存在，而未来很可能是依赖于一个平台，可能是美丽乡村项目，也可能是其他的乡村振兴项目。这30个项目就像积木一样，木块还是那些木块，只是框架变了，我们要做的是在新形势下搭建属于这个时代的城堡。

作者：李　涛